定向培养军士生（航海类）系列教材

U0650807

船舶防火与灭火

CHUANBO FANGHUO YU MIEHUO

孙庆云　陆宝成 / 主　编
赵雪刚　王　振　李尊民 / 副主编
李兆呛　黄应邦 / 主　审

大连海事大学出版社
DALIAN MARITIME UNIVERSITY PRESS

图书在版编目(CIP)数据

船舶防火与灭火 / 孙庆云,陆宝成主编. — 大连：
大连海事大学出版社,2023.12
定向培养军士生(航海类)系列教材
ISBN 978-7-5632-4480-5

Ⅰ.①船… Ⅱ.①孙…②陆… Ⅲ.①船舶灭火–资
格考试–教材 Ⅳ.①U664.88

中国国家版本馆 CIP 数据核字(2023)第 234172 号

大连海事大学出版社出版

地址:大连市黄浦路523号 邮编:116026 电话:0411-84729665(营销部) 84729480(总编室)
http://press.dlmu.edu.cn E-mail:dmupress@dlmu.edu.cn

大连天骄彩色印刷有限公司印装　　　　　　大连海事大学出版社发行

2023 年 12 月第 1 版　　　　　　　　　2023 年 12 月第 1 次印刷
幅面尺寸:184 mm×260 mm　　　　　　　印张:11.25
字数:255 千　　　　　　　　　　　　　印数:1~2000 册

出版人:刘明凯

责任编辑:张　冰　　　　　　　　　　　责任校对:刘宝龙
封面设计:解瑶瑶　　　　　　　　　　　版式设计:解瑶瑶

ISBN 978-7-5632-4480-5　　定价:35.00 元

定向培养军士生（航海类）系列教材
编委会

总序

随着全球化的不断发展和海洋资源的重要性日益凸显,航海成为军事、商业和科研的重要领域。航海科学与技术的不断进步和应用,为海上交通、海洋能源开发、海洋科学研究等领域提供了必要的支持。在军事方面,航海类专业人才能够为海军和海上部队提供必要的导航、海上安全和作战支援。

2012年,一些普通高等学校开始招收定向培养军士生,着力培养海军建设所需的高素质海军军士人才。这是依托国民教育资源选拔培养海军军士人才的重要途径,是促进海军军士队伍现代化的重要举措。截至2023年7月,海军先后依托普通高等学校招收定向培养军士2.5万人。由此可见,海军定向培养军士已经成为海军军士队伍的重要组成部分。海军定向培养军士人才可以在海军舰队、潜艇、两栖舰艇等部队从事航海、航管和船舶维修等工作。

为了深入贯彻军民融合发展战略、服务部队备战打仗高度,滨州职业学院坚持为战育才,始终把战斗力标准贯穿定向培养军士工作的全过程,有针对性地制定培养方案、设置专业课程、配套教学保障,严把政治、身体、心理、专业关口,不断提高海军军士人才供给能力和水平。另外,滨州职业学院坚持"一盘棋"思想,严格遵循定向培养标准,及时根据用人单位反馈的培养质量调整海军军士人才培养方案,推动"供给侧"与"需求侧"精准衔接、良性互动,提高办学水平,提升培养质量,进而助力地方院校定向培养军士人才的质效提升。

为此,滨州职业学院牵头,组织了承担海军定向培养军士任务的业内专家和院校教师,共同编写了"定向培养军士生(航海类)系列教材"。本套教材首批共计五种,涵盖航海技术和轮机工程技术两个定向培养军士生专业,分别为《舰船定位与导航》《舰船仪器》《船舶防火与灭火》《舰船动力设备拆装与检修》《船舶电工工艺与电气测试》。

本套教材基于航海类专业的丰富资源,面向舰船工作岗位的特殊要求,汲取了学术界相关知识、理论和研究成果,参考了大量相关文献资料,将专业知识进行项目化整合、立体化呈现,将教材内容进行理实一体化编排,力求贴近实战、学以致用。

本套教材是海军定向培养军士的必备书目,也为有志于从事该领域的人提供参考。

海军定向培养军士职业发展前景广阔。在此,衷心祝贺"定向培养军士生(航海类)系列教材"正式出版。

2023年11月

编者的话

　　火灾不仅威胁着船舶、人员以及货物的安全,严重的火灾还会导致重大的人身伤亡和巨大的财产损失,甚至造成无法估量的环境破坏,因此,船舶火灾对于船员、船东以及海洋环境等都是可怕的事故,绝不能等闲视之。

　　本书依据国际海事组织《STCW 78/10 公约》、中华人民共和国海事局《海船船员考试大纲(2022 版)》进行岗位能力分析,形成典型工作任务,确定课程教学内容。本书由知识部分和数字资源部分组成,采用"项目式"的编写方式,运用最简单、最直接的方法编写。全书按照项目、任务体例划分,各任务按必备知识、要点、思考题、练习题的顺序来书写,必要之处设置扩展知识,帮助学员理清知识脉络、掌握重点。此外,本书还配备了数字信息化资源,包括授课视频、操作视频和教学动画等,易学易教,益教益学。

　　本书由滨州职业学院孙庆云、陆宝成老师担任主编,滨州职业学院赵雪刚、王振、李尊民老师担任副主编,滨州职业学院李兆呛老师和中国水产科学研究院南海水产研究所黄应邦副研究员担任主审。在编写过程中,编者查阅了大量书籍、文献和资料,引用了一些网上资源,借鉴了一些船舶相关资料,同时也得到了上海兴洋船舶管理有限公司的大力支持,在此表示衷心的感谢!

　　由于编者能力和水平有限,加之时间仓促,书中定有不妥之处,敬请广大读者批评指教。

编　者

2023 年 10 月

目录

项目一
船舶防火概论

必备知识

一、船舶的特点

船舶作为水上运输的重要工具,是水面上的漂浮建筑和经济实体,具有吨位大、载货(客)多、运输成本低、续航时间长等优点。但从消防的角度看,船舶还具有下述特点:

1.可燃物多:船载货物密集,其中可(易)燃货物较多;船舶机器中的电力、动力设备以及储油柜和输油管内存有大量燃油、滑油;船舶起居处所的装修和船员的日常生活用具采用大量木材、化纤等可(易)燃材料。

2.火源多:火源主要有机舱、锅炉或焚烧炉等高温热表面,明火作业,吸烟,机器设备和电气设备,厨房炉灶等。

3.人员较为集中:一艘普通货船上的配员数为 20 人左右,在靠泊期间,船上还会有一定数量的装卸工人等外来人员。客船上的旅客和船员人数少则几百人,多则几千人。

4.燃油储量大:现代船舶主要以重油、柴油等作为机电设备的燃料,此外,还有相当数量的润滑油。与其他的交通工具相比,船舶的燃油储量是最大的。一艘万吨级的远洋货船,其燃油储量可达上千吨,大型船舶的燃油储量可达几千吨。

5.结构复杂:船体内部结构复杂、分舱多、通道狭窄、回旋余地小。

6.热传导性能强:现代船舶的船体多为钢质或由其他金属材料构成,导热性能较强。

7.船舶消防设施及器材有限:船舶上除了固定式水灭火系统所需的水灭火剂比较充裕之外,其他固定式灭火系统所配备的灭火剂数量都是十分有限的,通常只能扑救船舶最大一个舱室发生的火灾。另外,船舶配备的灭火器的种类和数量也是有限的。

从上述船舶的这些特点看,船舶极易引发火灾且难以扑救,如图 1-1-1 所示。

图 1-1-1　船舶火灾

二、船舶火灾的特点

1.扑救难度大:船舶一旦发生火灾,由于船体内部结构的原因,火灾的施救工作活动范围受到影响和限制,导致火灾难以扑救,扑救条件比陆地恶劣得多。尤其在海上航行时发生火灾,不易得到他船的救助,有时虽有邻船,但由于风大浪急或火焰的炙烤,邻船难以靠拢,难以实施有效的救助。因此,船舶火灾从根本上讲主要依靠船上现有的人力和消防设备进行自救,但船上的灭火器材又是有限的,一旦用完,得不到及时补充,进一步增加了扑救的难度。

2.损失大:船舶发生任何火灾都会对船舶本身和装载的货物造成损坏,一旦火灾蔓延还会造成人身伤亡事故,其损失是非常巨大的。

3.危害大:船舶火灾除了给财产和人命安全带来严重危害外,有时还会造成严重的海洋污染,给国家和船公司带来恶劣的负面影响。

🔊 要　点

根据船舶的特点,船舶极易发生火灾,而船舶火灾的特点是扑救难度大、损失大且危害大。

📖 思考题

1.简述船舶的特点以及与火灾的关系。
2.简述船舶火灾的特点。

✹ 练习题

一、选择题

1.航行中的船舶一旦发生火灾仅能依靠现有人力及(　　　)进行自救。

A.总指挥

B.耐火分隔

C.消防设备

2.下列各项中属于运输船舶的是(　　　)。

A.渔业船舶

B.工程船舶

C.货船

3.下列各项中属于货船的是(　　　)。

A.油船

B.工程船舶

C.特种船舶

4.一艘普通货船上的配员数为(　　　)人左右,在靠泊期间,船上还会有一定数量的装卸工人等外来人员。

A.10

B.20

C.30

5.船舶是水上运输的重要工具,具有吨位大,载货(客)多,运输、续航时间长,(　　　)等优点。

A.成本高

B.成本低

C.成本适中

6.船舶火灾的特点是(　　　)。

A.容易扑救

B.损失小且危害小

C.难以扑救、损失大、危害大

7.船舶四周环海,水源充足,人员集中,一旦发生火灾(　　　)。

A.扑救条件比陆地优越

B.比陆地容易扑救

C.扑救条件比陆地恶劣

二、判断题

1.船上由于水源充足,发生火灾比陆地火灾容易扑救。(　　　)

2.现代船舶的船体多为钢质或其他金属材料构成,导热性能较强。(　　　)

3.船舶发生任何火灾都会对船舶本身和装载的货物造成损坏,一旦火灾蔓延扩大还会造成人身伤亡事故,其损失是非常巨大的。(　　　)

4.船舶火灾除了给财产和人命安全带来严重危害,有时还会造成航道堵塞以及严重的海洋污染,给国家和船公司带来恶劣的负面影响。(　　　)

5.船舶由于结构复杂,货物密集,回旋余地小,所以发生火灾比陆地火灾难扑救。(　　　)

6.船舶由于人力有限,结构复杂,发生火灾比陆地火灾难以扑救。(　　　)

7.船舶配备有大量的消防设备和先进的消防设施,因此,防火不是重要的事情。(　　　)

8.船舶具有吨位大,载货(客)多,续航时间长,又不易发生火灾等特点。(　　　)

9.与其他的交通工具相比,船舶的燃油储量是最大的。(　　　)

10.船舶由于消防设备先进,数量多,发生火灾比陆地火灾容易扑救。(　　　)

11.船舶在航行中发生火灾,仅能依靠船上现有的人力和设备进行自救。(　　　)

12.船舶四周环海,水源充足,人员集中,一旦发生火灾极易扑救。(　　　)

任务二　船舶消防工作方针

必备知识

火灾是一种会对国家财产造成严重损失,给人民生命带来严重威胁的事故。船舶一旦发生火灾,从船舶的特点和船舶火灾的特点可知,其后果更为严重,扑救条件比陆上更为恶劣,人员脱险也较陆上困难。为此,所有船员和有关人员都必须对船舶消防安全保持高度警觉和重视。

消防工作必须贯彻"预防为主,防消结合"的八字方针。这一方针的基本含义是在消防工作的指导思想上,要把预防火灾工作放在首位,积极采取和落实各项防火措施,力求防止火灾的发生;同时,要切实做好各项灭火准备工作,一旦发生火灾,能够及时有效地予以扑救,最大限度地减少火灾所造成的人身伤亡和财产损失。积极预防和成功扑救,是有效地同火灾做斗争的两个基本手段。两者在消防工作中紧密相连,不可分割,相互补充和促进。只有把两者紧密结合起来,才能真正实现减少火灾危害的目的。船舶消防管理也不例外,也包括"灭火"和"防火"两个方面:灭火工作是指船舶发生火灾后,有效地组织人员,正确地使用各种灭火设备和器材去扑救火灾;防火工作是指日常生活中要坚持和遵守防火规则,预防火灾的发生,以及在船舶设计建造上,采用防火构造、材料,切实提高所有船员的消防意识,加强消防安全教育,健全消防组织,严格消防制度,定期组织消防演习等,使人员思想警惕、常备不懈,这样,火灾才会处于可控状态。

要点

船舶消防工作必须贯彻"预防为主,防消结合"的方针,重在预防,不发生火灾是预防的目的,同时要做好扑救火灾的一切准备工作。

思考题

什么是船舶的消防工作方针? 如何贯彻船舶的消防工作方针?

练习题

一、选择题

1.消防工作应把(　　　)工作放在首位。

A.灭火训练

B.预防火灾

C.消防演习

2.消防八字方针是(　　)。

A.预防为主,防消结合

B.以防为主,以消为辅

C.以消为主,以防为辅

任务二　船舶防火控制

必备知识

一、船舶防火控制

为了保障船舶安全营运,必须认真贯彻"预防为主,防消结合"的消防原则,充分利用现代船舶装备的各种消防设备、器材有的放矢地做好船舶安全防火控制。

1.控制可燃物质:船上可燃物质种类多,且易燃易爆。因此有效控制可燃物质,对船舶防火事半功倍,至关重要。

(1)为了有效控制燃润油,在船舶建造时必须遵守有关公约及建造规范的规定,对船舶的燃油系统采用合理的结构形式,选用高闪点的燃润油。

(2)对装物处所的防火控制要做到专人负责,对易燃易爆的危险品运输严格按国际公约和国内法规进行分类管理。

(3)对船用材料尽可能选用阻燃性材料,采用防火隔热层。

2.控制通风:在船舶火灾中,空气可以起到助燃作用。在发生火灾后,要想方设法迅速切断通向火灾现场的所有通风道和通风设备。对通风设备按国际公约和国内法规的要求,装有可靠的、能迅速关闭的速闭装置。

3.热源(火源)控制:船上的热源(火源)较多,且温度较高。对机舱的热表面要进行包扎,形成绝热层;高温高压容器及装置应装有安全阀,以免发生爆炸而引起火灾。

二、船员个人和群体素质

"预防为主,防消结合"是消防工作的指导方针和普遍原则,无论是"防"还是"消",人的因素都是第一位的,人是消防行为的主体,船舶消防决定了对船员个人和群体的特殊要求。做好船舶火灾预防工作,必须坚持技防与人防相结合,宣传教育与消防演练相结合。而在人防工作中,船员个人和群体素质的高低将直接影响船舶火灾预防工作的成效。对每个船员而言,无论何种职责分工,都必须毫无区别地掌握和熟悉各种类型消防器材的灭火性能、使用方法及操作使用程序。在平时,人人都是防火安全员;在发生火灾时,人人都是消防员。

对群体而言,船舶的消防安全管理好比一场战役。为了最大限度地实现灭火,就必须建立独立的消防体制,将掌握了消防知识和技能的船员组织成一个整体。根据船舶的设计要求,船舶消防器材的配备应该是基本合理的。对此,除了日常的维护保养、检查、定期运转以及更换之外,船舶应严格按照应变部署的要求,定期进行消防演习。根据假想的灭火内容进行综合演练,要以实战的要求、临战的态度、统一的指挥、科学的分工和群体的力量来实现"1+1>2"的整体优势,确保收到良好的消防效果。特别是要通过建立防火责任区,增强全员的防火责任意识,以提高群防的实效性,这样才能真正落实"以防为主",实现火灾的真正预防和控制。

要 点

为了保障船舶安全营运,必须认真贯彻"预防为主,防消结合"的八字方针原则,做好船舶安全防火控制工作。对于船舶火灾的预防,首先,所有船员要有责任意识,真正贯彻"预防为主"的消防方针;其次,熟练、准确的灭火协作是实现消防目的的重要保证。

思考题

1.如何做好船舶安全防火控制工作?
2.简述船舶安全防火与船员素质的关系。

练习题

一、选择题

1.根据假想的灭火内容进行综合演练,要以实战的要求、临战的态度、统一的指挥、科学的分工和群体的力量来实现"( )"的整体优势,确保收到良好的消防效果。

A.1+1=2

B.1+1<2

C.1+1>2

2.船舶火灾预防首先是( )。

A.设置先进的消防设备

B.会使用消防设备

C.提高责任意识

3.船舶有效的防火控制是( )。

A.控制可燃物

B.控制通风和热源

C.控制可燃物、通风和火源

4.防止火灾的措施可以归纳为控制可燃物、控制热源与控制通风三个方面,最重要的是( )。

A.控制可燃物

B.控制通风

C.控制热源

5.防火的原理是( )。

A.保管好可燃物

B.保管好火源

C.保管好可燃物和火源

6.对货船防火控制应做到(　　　)。

A.专人负责

B.船员都负责

C.船长、政委负责

7.按要求,船舶的通风设备必须装有(　　　)。

A.电源开关

B.速闭装置

C.自动开启装置

8.虽然消防工作要贯彻八字方针的原则,但(　　　)还是第一位的。

A.总指挥

B.先进消防设备

C.人的因素

9.每位船员既要熟悉基本的消防知识,也应对船上的各种消防器材(　　　)。

A.不必都会使用

B.都会使用

C.有选择地使用

10.为了保障船舶安全营运,必须认真贯彻"(　　　)"的消防原则。

A.预防为主,防消结合

B.以防为主,以消为辅

C.以消为主,以防为辅

二、判断题

1.根据船舶的设计要求,船舶消防器材的配备应该是基本合理的。(　　　)

2.防火的原理就是保管好可燃物和火种(热源)。(　　　)

3.船舶消防工作的方针是"预防为主,防消结合"。(　　　)

4.虽然消防工作要贯彻八字方针原则,但人的因素还是第一位的。(　　　)

5.船舶消防安全管理应以人为本。(　　　)

6.每位船员应熟悉消防知识,但对各种消防器材不必都会使用。(　　　)

7.在船舶上,平时每位船员都是防火安全员,发生火灾时人人都是消防员。(　　　)

8.船上有大量可燃物时,防止火灾主要还是控制热源。(　　　)

项目二
燃烧的基本知识

必备知识

燃烧是一种放热、发光的剧烈的化学反应。燃烧进程中的化学反应十分复杂,有化合反应,有分解反应。有的复杂物质燃烧,先是物质受热分解,然后发生氧化反应。燃烧实际上是各种可燃物质在一定温度下快速氧化的化学过程。

剧烈氧化的结果是发光和放热,而一般氧化则没有发光现象。因此,氧化与燃烧是同一种化学反应,只是各自的反应速度和发生的现象不同。也就是说,燃烧是氧化反应,而氧化反应却不一定都是燃烧。比如硫在空气中燃烧生成二氧化硫,并发光和放热;生石灰与水起反应生成熟石灰,同时放出热,但并不发出光,这只是化学反应,并不属于燃烧;铁在空气中氧化生成一氧化铁,放热少并且没有发光现象,这属于一般的氧化反应,也不属于燃烧;灯泡通电后会发光和放热,但未产生氧化反应,这只是一种物理现象,而不属于燃烧。

近代连锁反应理论认为燃烧是一种游离基的连锁反应。连锁反应也称为链式反应,即在瞬间进行的循环连续反应。游离基又称自由基,是化合物或单质分子中的共价键在外界因素(如光、热)的影响下,分裂而成含有不成对电子的原子或原子团;它们的化学活性非常强,在一般条件下是不稳定的,能轻易自行结合成稳定的分子,或与其他物质的分子反应生成新的游离基。当反应物产生少量的活化中心——游离基时,即可发生连锁反应。连锁反应一经开始,就可经过许多连锁步骤自行加速发展下去,直至反应物燃尽为止。当活化中心全部消逝时,连锁反应就会终止。

要点

燃烧是可燃物质与氧或者其他氧化剂发生剧烈氧化反应的结果,并瞬间放热和发光。其反应特征是放热、发光并生成新物质。这是区分燃烧和非燃烧现象的依据。

思考题

　1.什么是燃烧？
　2.燃烧的实质是什么？

练习题

一、选择题

1.灯泡既放热又发光,这是一种(　　)。
A.物理现象
B.化学反应
C.自然现象

2.燃烧是一种以(　　)为特征的剧烈的氧化反应。
A.放热、发光
B.猛烈大火
C.持续高温

3.可燃物在燃烧过程中除放热、发光外还改变了(　　)生成新物质。
A.放热过程
B.发光过程
C.原来性质

二、判断题

1.可燃物质在燃烧过程中,除放热、发光外,还改变原来性质生成新物质。(　　)

2.氧化与燃烧同是一种化学反应,只是各自的反应速度和发生的现象不同。(　　)

3.硫在空气中燃烧生成二氧化硫,并放热、发光。(　　)

4.生石灰与水起反应生成熟石灰,同时放出热,但并不发出光,这只是化学反应,并不属于燃烧。(　　)

5.燃烧是一种放热、发光的缓慢物理反应。(　　)

6.燃烧是一种以放热、发光为特征的剧烈氧化反应。(　　)

7.燃烧是指可燃物在一定条件下,快速的氧化反应。(　　)

8.一般氧化没有发光现象。(　　)

9.一切可燃物的燃烧都放热、发光。(　　)

10.因为燃烧时都伴有放热、发光的现象,所以一切物质的放热、发光现象都属于燃烧。(　　)

11.可燃物与氧气发生化学反应都属于燃烧现象。(　　)

12.物质在燃烧中都能生成相应的氧化物,因此说,物质的氧化就是燃烧。(　　)

13.铁板生锈与木材燃烧是同一种氧化反应,所以铁板生锈也是燃烧现象。(　　)

14.燃烧反应的特征是放热、发光、生成新物质。(　　)

任务二 燃烧的条件

必备知识

一、燃烧的必要条件

任何物质发生燃烧都要经历一个由未燃状态转向燃烧状态的过程。这一过程的发生必须同时具备三个必要条件:可燃物、助燃物(氧化剂)和着火源,通常将这三个条件称为燃烧的三要素。将这三个要素组成一个等边三角形——燃烧三角形,如图2-2-1所示,表示三要素对燃烧具有同等的重要性。

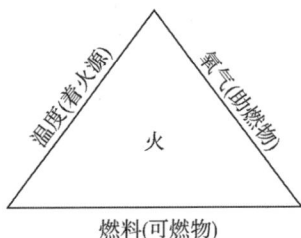

图 2-2-1 燃烧三角形

1.可燃物:凡是能与空气中的氧或者其他氧化剂发生燃烧反应的物质都称为可燃物。可燃物按其形态可分为固体、液体和气体三类。在三种形态的可燃物质中,可燃气体最易燃烧,燃烧的速度也较快;可燃液体在燃烧过程中并不是液体本身在燃烧,而是液体受热时蒸发出来的气体被分解、氧化达到燃点而燃烧;可燃固体在燃烧之前,也必须转化成蒸气状态,即在高温作用下产生化学分解,生成的蒸气与空气充分混合并加热到燃点就会引起燃烧。

2.助燃物:与可燃物质相互结合能导致燃烧的物质。助燃物有氧气和氧化剂。氧气本身不会燃烧,但没有氧气就不会发生剧烈的氧化反应,也就没有燃烧,所以氧气为助燃物质。另外像氯气、过氧化钠或高锰酸钾等氧化剂中的氧气也十分活跃,在一定的条件下,这些氧化剂中的氧气也会像空气中的氧气一样与可燃物结合,引起剧烈的氧化反应而产生燃烧,所以它们也是助燃物质。

没有助燃物,任何物质都烧不起来。空气中含氧量约为21%,若要维持燃烧,空气中的含氧量至少要达到16%,但阴火只需要3%的氧气。燃烧时如空气中的含氧量降至11%,一般物质的燃烧就会熄灭。

氧气也是人呼吸生存所必需的,当空气中含氧量降低到16%时,对人体会造成影响;下降至10%以下时,人就会缺氧晕倒直至死亡。

3.着火源:能引起可燃物与助燃物发生燃烧反应的热能源称为着火源。常见的有热能,其他还有化学能、机械能、电能和核能等转变成的热能。根据着火的能量来源不同,着火源可分为明火、高温物体、化学热能、机械热能、电热能、核能、生物能和光能等。在火灾发展过程中,可燃物质本身燃烧所释放的热量也可以维持本身的火势,并促使火灾向四周发展蔓延。

二、燃烧的充分条件

燃烧必须同时具备燃烧的三要素,但在某些情况下,虽然具备了燃烧的三个必要条件,燃烧却不一定会发生。要发生燃烧,必须同时具备下列充分条件:

1.一定的可燃物浓度:空气中可燃气体或可燃蒸气只有达到一定浓度时,才能发生燃烧或爆炸。虽有可燃气体或可燃蒸气,但浓度不够,燃烧或爆炸就不会发生。如在常温下,用火柴去点燃汽油和柴油时,汽油会立即燃烧,而柴油却不会立即燃烧,这是因为柴油在常温时的蒸气量并没有达到燃烧所需要的浓度,所以,虽然有足够的氧气及着火源,也不能发生燃烧。

2.一定的氧气含量:必须有足够的氧气含量,否则燃烧也不会发生。即使发生了燃烧,随着氧气含量的下降,物质的燃烧就会逐渐地受到影响而减弱,直到空气中氧气含量降至11%以下,此时绝大多数可燃物质的燃烧就会停止。也就是说,虽然有氧气存在,但浓度不够,也不能发生燃烧,部分物质燃烧所需的最低含氧量见表2-2-1。

表2-2-1 部分物质燃烧所需的最低含氧量

物质名称	含氧量(%)	物质名称	含氧量(%)
汽油	14.4	乙醚	12.0
乙醇	15.0	橡胶粉	13.0
煤油	15.0	大量棉花	8.0
丙酮	13.0	氢气	5.9

3.一定的点火能量:不论是何种形式的点火能量,只有达到一定的温度和足够的热量才能引起燃烧反应。否则,燃烧不会发生。不同的可燃物所需要的点火能量的强度不同,低于这个能量就不能使可燃物发生燃烧。如点燃的火柴可以轻易地点燃汽油、柴草和刨花,但不能点燃一块木板,这说明这种火虽有相当高的温度(约600 ℃),但缺乏足够的热量,因而无法将木板点燃。

4.相互结合相互作用:只有燃烧的三个条件相互结合作用在一起,燃烧才会发生和持续。例如在充满空气的房间,有桌椅门窗、纤维织物等可燃物,也有火源——电源,构成了燃烧的三要素,但并没有发生燃烧,这是因为这些条件没有结合在一起、没有相互作用。

综上所述,我们知道可燃物质、氧气和热源是燃烧的三要素,只有三要素同时存在并达到一定的条件,燃烧才会发生。反之,如果缺少其中任何一个条件,燃烧就不能发生。防火的原理就是保管好可燃物和火种(热源)。而灭火主要是中断燃烧时所需要的氧气或降温冷却。

🏢 拓展知识

燃烧四面体：

对于有火焰的燃烧,因为燃烧过程中存在未受抑制的游离基(自由基)作中间体,所以,燃烧三角形增加了一个空间坐标,从而形成燃烧四面体,如图2-2-2所示。四面体的底部代表连锁反应的自由基,三个侧面分别代表燃料、氧气、温度,除掉四个面中的一个或多个都将形成一个不完全的四面体,即燃烧就会停止,使火熄灭。

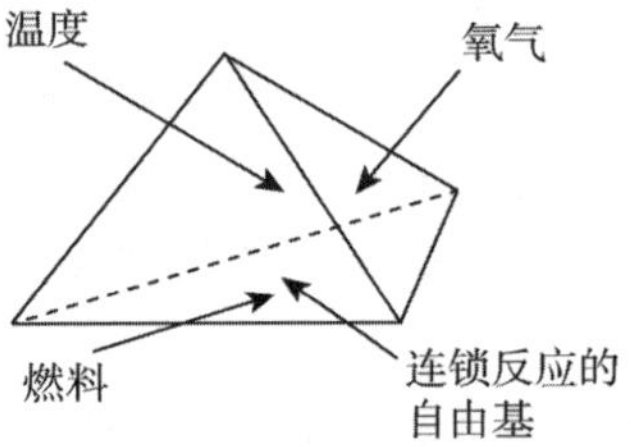

图2-2-2　燃烧四面体

有火焰燃烧具有以下三个特点：

(1)燃烧过程中未受到抑制,形成连锁反应,存在游离基(自由基)；

(2)扩散并自动连续着火,释放能量,达到有火焰燃烧的温度；

(3)可燃物呈蒸气或者气体状态。

📢 要　点

燃烧必须同时具备可燃物质、氧气和热源三要素,但在某些情况下,虽然具备了燃烧的三个必要条件,燃烧却不一定会发生。要发生燃烧,必须同时具备一定的充分条件。

📚 思考题

简述燃烧所应具备的必要条件及充分条件。

⭐ 练习题

一、选择题

1.可燃物质按其状态不同可分为(　　　)。

A.固体、钢体与流体

B.气体、导体与物体

C.固体、液体和气体

2.当空气中氧含量降低到(　　　)时,人就会缺氧晕倒直至死亡。

A.16%

B.10%

C.18%

3.要维持人的生命,空气中氧气含量不能小于(　　　)。

A.11%

B.16%

C.21%

4.当空气中含氧量降至(　　　)以下时,一般物质的燃烧会熄灭。

A.11%

B.16%

C.18%

5.空气中含氧量约为(　　　)。

A.18%

B.29%

C.21%

6.要维持可燃物继续燃烧,应有充足的(　　　)。

A.二氧化碳

B.氧气

C.石油气

7.氧气是帮助燃烧的物质,另外(　　　)也是助燃物质。

A.氮气

B.氯气

C.乙炔气

8.氧气是一种(　　　)。

A.可燃物质

B.可燃、助燃物质

C.助燃物质

9.最容易燃烧、最危险的可燃物质是(　　　)。

A.可燃气体

B.汽油

C.塑料

10.各种可燃物质燃烧时,所需最低含氧量一般是(　　　)的。

A.不同

B.等量

C.相同

二、判断题

1.只有将三个燃烧要素全部控制住,才不会发生燃烧。(　　　)

2.凡是能与空气中的氧气或者其他氧化剂发生燃烧反应的物质都称为可燃物。(　　　)

3.一氧化碳是助燃物。(　　　)

4 燃烧时的助燃物主要是氧气和氧化剂。(　　　)

5.助燃物质不但能帮助、支持燃烧,而且本身也能燃烧。(　　　)

6.可燃液体的燃烧是其蒸发的可燃气体的燃烧。(　　　)

7.三种形态的可燃物质中最容易燃烧、最危险的是可燃气体。(　　　)

8.一般来讲,可燃气体比可燃固体和可燃液体更易燃烧。(　　)

9.可燃物质分三种形态:可燃固体、可燃液体和可燃气体。(　　)

10.氧气不是可燃物质。(　　)

任务三　燃烧类型

必备知识

燃烧类型是指具有共同特征但表现形式不同的燃烧现象。根据燃烧所表现的不同形式,其可以分为闪燃、自燃、着火和爆炸四种类型。

一、闪燃

1.闪燃的定义:闪燃是指在一定温度下易燃或者可燃液体(包括可溶化的少量固体,例如石蜡、樟脑和萘等)蒸气与空气混合后,达到一定浓度,此时遇明火源产生一闪即灭(5 s以内)的燃烧现象。

闪燃发生的原因是易燃或可燃液体在闪燃温度(闪点)下,蒸发速度不快,蒸发出来的气体仅能维持一刹那的燃烧,还来不及补充新的蒸气以维持稳定的燃烧,所以,燃烧一下就熄灭了。但闪燃往往是火警的先兆。

2.闪点:闪点又称为闪火点,是指能发生闪燃现象的最低温度。

闪点是表示可燃液体性质的重要指标之一,比燃点(着火点)低。闪点是在规定的试验条件下,液体表面上的蒸气与空气混合物接触火源时首次发生蓝色闪光的温度,它可在标准仪器中测量出来。标准仪器有开杯式和闭杯式两种。其中,开杯式用于测定高闪点(80 ℃以上)液体,而闭杯式则用于测定低闪点(80 ℃以下)液体。

闪点是评定液体火灾危险性的主要依据。一般认为,液体的闪点就是可能引起火灾的最低温度,闪点越低的易燃液体,其火灾危险性越大。

根据闪点可以确定生产和储存可燃性液体的火灾危险性类别:闪点低于28 ℃的为一级易燃液体;闪点在28~60 ℃的为二级易燃液体;闪点高于60 ℃的为三级易燃液体。

如装运石油产品无闪点资料,应按一级易燃液体对待。我国规定,闪点在65 ℃以下的可燃液体都属于易燃液体。

二、自燃

1.自燃的定义:可燃物质在空气中未接触明火源,在一定温度下发生的燃烧现象。

2.自燃点:可燃物质能够发生自燃的最低温度。部分可燃物质在空气中的自燃点,见表2-3-1。

表 2-3-1 部分可燃物质在空气中的自燃点

物质名称	自燃点(℃)	物质名称	自燃点(℃)
汽油	415~530	煤油	210
石油	约350	二硫化碳	112
氢	572	木材	250~350
一氧化碳	609	褐煤	250~450
木炭	350~400	乙烷	248
辛烷	218	棉纤维	530
乙炔	305	甲醇	498
苯	580	乙醇	470
锌	680	镁	520

3.自燃的种类:根据热的来源不同,自燃可分为自热自燃和受热自燃两种。自热自燃和受热自燃两种现象的本质是一样的,只是热的来源不同,前者是物质本身的热效应,而后者是外部加热的作用。

(1)自热自燃:有些可燃物质在没有外来热源作用下,由于其本身内部的生物、物理或化学的作用而产生热,在一定的条件下,积热不散,温度逐渐升高,达到该物质的自燃点而发生的自行燃烧的现象,也称本身自燃。

某些可燃物质的自热自燃能在常温下发生,潜伏着极大的火灾危险性,应予以特别注意。常见的能发生自热自燃的物质如下:

● 植物产品:稻草、麦芽、树叶、甘蔗渣、锯末和棉籽等。

● 油脂及制品:主要是植物油和动物油黏附于植物纤维或其制品上,如油布、油纸及其制品或者粘油棉纱头等。

● 煤:除无烟煤之外的烟煤、褐煤和泥煤。煤的自热自燃主要是由于煤的呼吸和氧化作用以及热交换而引起的。煤的粉碎程度、湿度、挥发物的含量以及单位体积的散热量对煤的自燃影响都很大。

● 硫化铁:主要是硫铁矿以及金属油罐、油舱受腐蚀而生成的硫化铁等。

(2)受热自燃:可燃物质在空气中被加热到一定温度,不用外界明火作用而引起的自行燃烧的现象。引起受热自燃的原因有:接触热的物体、直接火加热、摩擦生热、化学热效应、压缩热、辐射热等。

三、着火

1.着火的定义:可燃物在一定的温度条件下遇明火源而产生一种持续(5 s以上)燃烧的现象。

2.着火点:又称为燃点,是指能产生燃烧现象所需要的最低温度。燃点可用标准仪器测定。所有可燃液体的燃点都高于其相应的闪点。可燃液体的燃点比其闪点高出1~5 ℃,液体闪点越低,这一差数也就越小。部分可燃物质的燃点,见表2-3-2。

表 2-3-2　部分可燃物质的燃点

物质名称	燃点（℃）	物质名称	燃点（℃）
纸张	130~230	木材	250~300
松节油	53	麦草	200
蜡烛	190	赛璐珞	100
豆油	220	醋酸纤维	320
棉花	210~255	氢纶	355
麻绒	150	聚乙烯	341
胶布	325	硫	207
布匹	200	黄磷	34
樟脑	70	天然橡胶	235

燃点对可燃固体和闪点比较高的可燃液体具有实际意义。控制这些物质的温度，使其在燃点以下，也是预防火灾发生的有效措施之一。

四、爆炸

1.爆炸的定义：物质氧化还原反应的速度急剧增大，并在极短时间内突然放出大量能量的一种破坏力很大的现象。爆炸时，温度和压力急剧升高，发出光和声，产生爆炸和推动作用。

2.爆炸的分类：按照爆炸物质在爆炸过程中的变化可分为核爆炸、物理爆炸和化学爆炸。

核爆炸：由原子核裂变或核聚变引起的爆炸叫核爆炸。例如，原子弹、氢弹的爆炸就属于核爆炸。

物理爆炸：物质因状态或压力发生突变而形成的爆炸叫物理爆炸。例如，蒸汽锅炉、压缩和液化气钢瓶、油罐的爆炸等就属于物理爆炸。这种爆炸能间接引起火灾。

化学爆炸：由于爆炸性物质本身发生了化学变化，产生出大量气体和较高温度而形成的爆炸叫化学爆炸。例如：爆炸品、可燃气体、蒸气和粉尘与空气的混合物发生的爆炸就属于化学爆炸。这种爆炸能直接造成火灾，具有很大危险性。按照爆炸的变化传播速度，化学爆炸可分为爆燃、爆炸、爆震。实际上化学爆炸就是可燃物质事先与氧化剂充分混合的混合物（或者本身是含氧的炸药）遇到火源而发生的极短时间的燃烧。这种燃烧速度很快，每秒可达几十米至几千米，燃烧的同时产生大量的气态物质，从而在爆炸时形成很高的温度，产生很大的压力，并发出巨大的响声。而一般可燃物质的燃烧却没有这种现象，这是因为一般可燃物质与氧化剂的混合物不是预先充分混合的，而是在燃烧过程中逐渐形成的，所以，燃烧速度较慢，放出的热量和气体少，没有向四周冲击的巨大压力，也没有多大的响声，因此没有爆炸现象。

3.爆炸浓度极限

可燃气体、蒸气或粉尘与空气的混合物遇着火源能够发生爆炸的最低浓度，称为爆炸浓度下限，也称为爆炸下限；遇火源能发生爆炸的最高浓度，称为爆炸浓度上限，也称为爆炸上限。低于下限,气体量不足,过稀;高于上限,气体量过大,过浓。过稀和过浓都不会爆炸。但过浓,重新遇空气仍有爆炸危险。

爆炸性混合物在不同浓度时发生爆炸所产生的压力以及放出的热量不同,因而所具有的危险性也不同。不同成分的可燃气体和蒸气的爆炸极限范围也不一样,同一物质的爆炸极限也不是固定不变的,见表2-3-3。

表2-3-3　在空气中部分可燃气体和液体蒸气的爆炸极限范围

物质名称	爆炸下限(%)	爆炸上限(%)	物质名称	爆炸下限(%)	爆炸上限(%)
氢气	4.0	75.0	乙烯	2.75	34.0
乙炔	2.5	82.0	丙烯	2.0	11.0
甲烷	5.0	15.0	氨	15.0	28.0
乙烷	3.0	12.45	环丙烷	2.4	10.4
丙烷	2.1	9.5	一氧化碳	12.5	74.0
乙醚	1.9	40.0	丁烷	1.5	8.5

4.爆炸温度极限

可燃液体除了爆炸浓度极限之外,还有一个爆炸温度极限。这是因为液体的蒸气浓度是在一定温度下形成的。可燃液体在一定温度下,由于蒸发而形成等于爆炸浓度极限的蒸气浓度,这时的温度称为爆炸温度极限。

爆炸温度下限是指液体在该温度下蒸发出等于爆炸浓度下限的蒸气浓度;爆炸温度上限是指液体在该温度下蒸发出等于爆炸浓度上限的蒸气浓度。液体的爆炸温度下限就是液体的闪点。

5.最小点火能量

每一种气体爆炸混合物都有一个起爆的最小点火能量,低于该能量,混合物就不会爆炸。掌握各种气体混合物爆炸所需要的最小点火能量,对判断有爆炸危险的场所中哪种火源能引起爆炸事故具有重要的意义。

6.影响爆炸极限的因素

同一种可燃气体和液体蒸气的爆炸极限会受温度、压力、含氧量、容器直径以及热源能量等因素影响。

(1)温度:初始温度升高,则爆炸下限会降低、上限会升高,爆炸极限扩大,爆炸的危险性就会增加。

(2)压力:混合气体在压力条件下的爆炸下限无明显变化,但上限一般都会有明显提高。当混合气体的原始压力减小时,爆炸极限的范围将缩小;当压力降低到某一数值时,上限和下限会合成一点;压力再降低,就不会发生爆炸。这一最低压力就称为爆炸的临界压力。

(3)含氧量:混合气体中含氧量增加,爆炸极限就会扩大。如掺入氮或二氧化碳等不燃的惰性气体,混合气体中氧浓度降低,爆炸的危险性就会降低。油船货舱充灌惰性气体,就是利用此原理防止爆炸。

(4)容器直径:容器的直径越小,火焰在其中的蔓延速度越慢,爆炸极限范围也越小。

(5)热源能量:即点火能量,若火源强度高,热表面积大,且与混合气体接触时间长,就会使爆炸极限扩大,使爆炸危险性增加。

🔊 要 点

燃烧类型是指具有共同特征但表现形式不同的燃烧现象。根据燃烧所表现的不同形式,可以将燃烧分为闪燃、自燃、着火和爆炸四种类型。掌握不同燃烧类型发生的条件,对预防火灾的发生和有效扑救火灾有重大的指导意义。

📚 思考题

1.燃烧有哪几种类型?

2.简述闪点在消防方面的应用。

3.自燃有哪几种类型?各自发生的原因是什么?

4.什么是爆炸极限?其影响因素有哪些?

⭐ 练习题

一、选择题

1.当可燃混合气体达到爆炸极限上限以上时遇火( )。

A.会燃不会炸

B.不燃不炸

C.会燃会炸

2.机舱内油柜漏油,油滴在高温排气管上而着火属于( )燃烧。

A.点燃

B.闪燃

C.自燃

3.舱内装载散装粮食,又未进行通风而发生火灾属于( )。

A.燃烧

B.受热自燃

C.自热自燃

4.我国规定,凡闪点在( )以下的可燃液体都属于易燃液体。

A.65 ℃

B.45 ℃

C.25 ℃

5.闪点的定义是:可燃物质能产生挥发气体,遇明火( )。

A.一闪即灭之最高温度

B.一闪即灭之最低温度

C.持续燃烧之最高温度

6.闪燃是指发生短暂的闪火现象,通常其闪火时间少于( )。

A.15 s

B.10 s

C.5 s

7.装运石油产品如无闪点资料可查,应按(　　　)易燃液体对待。

A.一级

B.二级

C.三级

8.闪燃虽然仅能维持一刹那的燃烧,但(　　　)。

A.能发生5 s以上的燃烧

B.能发生自燃

C.是火警的先兆

9.闪点标志的是(　　　)可燃物易燃易爆的程度。

A.气体

B.液体

C.固体

10.燃烧的类型包括:(　　　)。

A.金属火、电器火、棉花火

B.液体火、气体火、固体火

C.闪燃、自燃、着火、爆炸

二、判断题

1.我国石油产品的分级是按燃点的高低来划分的。(　　　)

2.自燃是由可燃物本身的理化性质引起的。(　　　)

3.爆炸有核爆炸、物理爆炸、化学爆炸三种。(　　　)

4.为防自燃,对货物应采取与热源隔离、妥善包装、防止潮湿、良好通风等措施。
(　　　)

5.可燃物的燃点越高,发生火灾的危险性越大。(　　　)

6.着火点又称为燃点,是指能产生燃烧现象所需要的最低温度。(　　　)

7.可燃液体的燃点都低于其相应的闪点。(　　　)

8.闪点是评定液体火灾危险性的重要依据。(　　　)

9.爆炸极限受温度、压力和含氧量等因素的影响。(　　　)

10.可燃气体的爆炸极限的范围越大,其危险性越小。(　　　)

任务四　燃烧产物

必备知识

可燃物质在与空气中的氧气发生剧烈的化学反应时,所产生出的气体、蒸汽和固体物质,称为燃烧产物。它的成分取决于可燃物质的化学结构和燃烧条件。通常大部分可燃物质都是有机化合物,主要由碳、氢、氧、硫等组成。如果燃烧时含氧量充足,温度高且高于燃点温度,则为完全燃烧,其燃烧产物包括二氧化碳、蒸汽、含硫气体等。如果含氧量不足或温度不稳定且低于燃点温度,则为不完全燃烧,其产物为一氧化碳、烟、焦炭等。船舶在发生火灾时,一方面由于采取了切断通风等控制火灾措施,因此燃烧往往都是不完全燃烧;另一方面由于船舶的舱室空间狭小且通风不好,所以在火场内部就会有大量的一氧化碳等有毒气体产生。一氧化碳为一种无色无嗅的有毒可燃气体,在空气中的含量只要达到很小的浓度(约0.05%),人体就有中毒的危险,浓度达到0.5% ~ 1%就能在 5 min 内致人死亡。因此,为了保证人员在消防过程中的安全,又能成功完成灭火任务,必须加强对消防人员的防护措施,有效避免火灾时危险燃烧产物(主要是危险气体)可能造成的危害。

🔊 要 点

船舶发生火灾时,可燃物质燃烧会发生剧烈的氧化放热反应,释放出大量的热量和有毒气体,给船员的生命安全和船舶自身安全带来巨大的危险。

📠 思考题

燃烧产物主要有哪几种?为何对燃烧产物要有所了解?

⭐ 练习题

一、选择题

1.在空气中一氧化碳浓度只要达到(   )就能在 5 min 内致人死亡。

A.0.5% ~ 1%

B.0.05% ~ 0.5%

C.5% ~ 10%

2.在空气中一氧化碳的含量只要达到(   ),人体就有中毒的危险。

A.0.5%

B.5%

C.0.05%

3.产生不完全燃烧的主要原因是缺乏(   )。

A.一氧化碳

B.氧气

C.二氧化碳

4.可燃物质在与空气中的氧气发生剧烈的化学反应时,所产生出的(   ),称为燃烧产物。

A.气体和蒸汽

B.气体和固体物质

C.气体、蒸汽和固体物质

二、判断题

1.一氧化碳是一种可燃物,二氧化碳不是可燃物。(   )

2.燃烧时产生的一氧化碳是可燃气体,也是有毒气体。(　　)

3.空气中的二氧化碳比例达到5%时,人呼吸困难;达到10%时,使人窒息而死亡。(　　)

4.不完全燃烧的产物主要有一氧化碳、烟、焦炭等。(　　)

5.完全燃烧的产物包括二氧化碳、水蒸气、含硫气体等。(　　)

任务五　火的蔓延

必备知识

影响火势蔓延的因素有热传播、天气、风势、地理环境以及建筑物等,但主要的是热传播。热传播除了火焰直接接触外,还有三种途径:热传导、热对流、热辐射。

一、热传导

1.热传导的定义:热量通过直接接触的物体从温度较高的部位传递到温度较低的部位。这种传导方式主要是靠物质彼此接触的微粒间能量交换得以实现的。

2.影响热传导的因素:不同的物质,其热传导能力不同。固体物质是较强的热导体,在固体中又以金属的导热性最强,其次是液体物质,气体物质最弱。一般金属物质较非金属物质导热性强,如钢材的导热性是木材的350倍,铝的导热性比木材的导热性强1 000倍。影响热传导的因素有温度差、导热系数、导热物体的厚度(距离)和截面积、时间长短等。

3.热传导与火灾:热可以通过物体从一处传到另一处,有可能引起与其接触的可燃物燃烧。导热系数大的物体(如金属)更加容易成为火灾发展蔓延的途径。在火灾扑救中,应对被加热的金属物体和管道进行冷却;清除与被加热金属材料或物体靠近的可燃物质,或者用隔热材料将可燃材料与被加热的金属物体隔开。

二、热对流

1.热对流的定义:热通过流动介质由空间中的一处传到另一处的现象。

根据流动介质的不同,热对流可分为气体对流和液体对流。就引起热对流的原因而言,有自然对流和强制对流两种。自然对流是由于流体各部分的密度不同而引起的。例如,热设备附近空气受热膨胀向上流动以及火灾中热气体(主要是燃烧气态产物)上升流动,而冷(新鲜)空气则与其做相反方向流动。强制对流是通过鼓风机、压气机和泵使气体、液体强制对流。发生火灾时,如通风机械还在运行,就会成为火势蔓延的主要途径。使用防烟、排烟等强制对流设施能抑制烟气扩散和自然对流。

2.影响热对流的因素:通风孔洞面积和高度、温度差、通风孔洞所处位置的高度等都会影响热对流。

3.热对流与火灾:热对流是热传递的重要方式,是影响早期火灾发展的最主要因素。高温热气流能加热它流经途中的可燃物,引起新的燃烧。热气流能往任何方向传递热量,但通常都是向上传播,引起上层楼板、天花板燃烧。由起火房间燃烧至楼梯间、走廊,主要是热对流的作用。通过通风孔口进行热对流,使新鲜空气不断流进燃烧区,供应持续燃烧。为了防止火势通过热对流而发展蔓延,主要应控制通风孔口,冷却热气流或把热气流导向没有可燃物或火灾危险性较小的方向。

三、热辐射

1.热辐射的定义:热射线以电磁波形式向周围传递热量的现象。这种热射线是肉眼看不见的,但我们可以感受到它的存在及其强度的大小。任何物体(气体、液体、固体)都能把热量以电磁波的形式辐射出去,同时也能吸收别的物体辐射出来的热能。热辐射不需要通过任何介质,通过真空也能辐射。当有两个不同温度的物体并存时,温度较高的物体将向温度较低的物体辐射热能,直到物体温度渐趋平衡。

2.热辐射与火灾:热辐射的热量和火灾温度的四次方成正比(即燃烧物温度越高,辐射强度越大)。被辐射物的受热量与放射物的距离的平方成反比(即距离近,受热多;距离远,受热少)。在火灾的发展阶段,温度较高时,热辐射成为热传播的主要形式。热辐射传播的热量可使被辐射物自燃燃烧。

火势的蔓延主要是由热传导、热对流和热辐射三种热传播形式引起的。因此,为了防止火势蔓延,就必须阻止或减弱热量的传导、对流和辐射。

📢 要 点

火势蔓延实际上是热量的传播过程。热传播除了火焰直接接触外,还有三种途径:热传导、热对流、热辐射。为了防止火灾蔓延,必须有效控制热量的传播途径。

思考题

简述火势蔓延的途径及各自与火灾的关系。

⭐ 练习题

一、选择题

1.热传播过程中,热量从物体的一端传到另一端的现象叫( )。

A.热传导

B.热辐射

C.热对流

2.根据流动介质的不同,热对流可分为( )。

A.气体对流和液体对流

B.气体对流和固体对流

C.气体对流、液体对流和固体对流

3.自然对流是由于流体各部分的（　　　）不同而引起的。

A.速度

B.风向

C.密度

4.由起火房间燃烧至楼梯间、走廊,主要是（　　　）的作用。

A.热传导

B.热对流

C.热辐射

5.火势蔓延的主要原因是（　　　）。

A.风势

B.热传播

C.气候

6.热传导、热辐射引起可燃物的燃烧属于（　　　）。

A.自燃

B.爆燃

C.闪燃

7.在热传播中,传导热的能力最差的是（　　　）。

A.固体

B.液体

C.空气

8.在热传播过程中,依靠热微粒流动的形式传播热能的现象称为（　　　）。

A.热传导

B.热辐射

C.热对流

9.影响早期火灾发展的最主要因素是（　　　）。

A.热传导

B.热对流

C.热辐射

10.下列关于热辐射的说法正确的是（　　　）。

A.以电磁波的形式传播热能

B.是肉眼可以看见的

C.受到传播介质的影响

11.在火灾的发展阶段,温度较高时,（　　　）成为热传播的主要形式。

A.热传导

B.热对流

C.热辐射

12.离火源较近的可燃物因热辐射而着火属于（　　　）燃烧。

A.着火

B.闪燃

C.自燃

二、判断题

1.火势蔓延的主要原因是热量的传播。（　　）

2.热量传播方式有热传导、热对流、热辐射三种。（　　）

3.火势的迅速蔓延是由热传导、热对流、热辐射造成的。（　　）

4.金属物质比非金属物质导热性强,钢材就比木材强350倍。（　　）

5.金属铝的热传导能力比木材强100倍。（　　）

6.依靠热射线来传热的方式叫热对流。（　　）

7.热量传播是引起可燃物从不燃烧到燃烧,使火灾进一步扩大的主要根源。（　　）

8.热辐射是以热射线传播热量的现象。（　　）

9.影响热传导的因素有温度差、导热系数、导热物体的厚度(距离)和截面积、时间长短等。（　　）

10.持续燃烧是指持续至少10 s以上的燃烧。（　　）

项目三

火的分类及灭火方法

不同的物质具有不同的物理特性和化学特性,燃烧所表现出来的特征也是不同的。要扑救具有不同特点的火灾,首先要了解它们的特点,再采取相应的灭火方法,使用最有效的灭火剂,才能迅速将火扑灭。如果不了解火的特征而盲目采取行动,不仅不能及时将火扑灭,还可能会导致火灾蔓延扩大,造成更大损失。

任务一 火的种类及特点

必备知识

要掌握不同物质燃烧的特征,比较有效的方法就是对其进行分类。国际海事组织采用欧洲共同体的火灾分类法,将火分为四类:甲(A)类火(普通固体可燃物火灾)、乙(B)类火(可燃液体火灾)、丙(C)类火(可燃气体火灾)和丁(D)类火(可燃金属火灾)。

一、甲(A)类火(普通固体可燃物火灾)

普通固体可燃物着火称为甲类火。如木材及木制品、棉花、纸、布、塑料、橡胶、煤炭等着火。船上常见的可引起甲类火的物质有木材和木制品、纺织品和纤维、塑料和橡胶等。甲类火的特点是不仅在表面燃烧,而且能深入内部,容易复燃。扑救此类火最适宜的灭火剂是水,但用水灭火时要注意可能对货物造成的损失及对船舶稳性和船体强度的影响。

二、乙(B)类火(可燃液体火灾)

可燃液体或可溶的固体着火称为乙类火。如石油、油漆、酒精和动植物油脂等着火。此类火的特点是只限于表面燃烧,燃烧速度快,温度也高,有爆炸的危险。扑救乙类火首先应切断可燃物质的来源,再采用泡沫灭火剂最为有效,也可采用二氧化碳和干粉等灭火剂。比重比水小的不溶于水的油类物质,会漂浮在水面上而使火灾扩散,因此,不能用水扑救。

三、丙(C)类火(可燃气体火灾)

可燃气体着火称为丙类火。如液化石油气、天然气及各种可燃性气体所引起的火灾。这类火的特点是易燃易爆性大,爆炸的危险性比乙类火大。扑救丙类火较为适宜的灭火剂为干粉。

四、丁(D)类火(可燃金属火灾)

可燃金属着火称为丁类火。如钠、钾、钙、镁、铝等所引起的火灾。此类火的特点是燃烧温度极高,有的可以达到 3 000 ℃以上,并且在高温下金属性质非常活泼,能与水、二氧化碳、氮、卤素及含卤化合物发生化学反应,使常用灭火剂失去作用,所以不能用水进行扑救,也不能用二氧化碳扑救,必须采用特殊的灭火剂(如金属型干粉 7150 或沙土)扑救。

另外,电器及其设备的火灾称为电气火灾。如电机、电器设备等着火。其灭火的原则是,应先切断电源,断电后的电气火灾可以作为甲类火扑救;如无法断电,则应采用不导电的干粉和二氧化碳等灭火剂加以扑救。

拓展知识

按损失严重程度对火灾分类的根据是生产安全事故等级标准,特别重大、重大、较大和一般火灾的等级标准分别如下:

(1)特别重大火灾是指造成 30 人以上死亡,或 100 人以上重伤,或 1 亿元以上直接财产损失的火灾;

(2)重大火灾是指造成 10 人以上 30 人以下死亡,或 50 人以上 100 人以下重伤,或 5 000 万元以上 1 亿元以下直接财产损失的火灾;

(3)较大火灾是指造成 3 人以上 10 人以下死亡,或 10 人以上 50 人以下重伤,或 1 000 万元以上 5 000 万元以下直接财产损失的火灾;

(4)一般火灾是指造成 3 人以下死亡,或 10 人以下重伤,或 1 000 万元以下直接财产损失的火灾。

注:上文中的"以上"包括本数,"以下"不包括本数。

要 点

不同的物质具有不同的物理特性和化学特性,燃烧所表现出来的特征也是不同的。要扑救具有不同特点的火灾,首先要了解它们的特点,再采取相应的灭火方法,使用最有效的灭火剂,才能迅速将火扑灭,所以要对火进行分类。

思考题

简述火灾种类及其各自特点。

练习题

一、判断题

1.液化石油气、天然气及各种可燃性气体所引起的火灾属于(　　)类火。

A.甲

B.乙

C.丙

2.丁类火的特点是燃烧温度极高,有的可以达到(　　)以上,并且在高温下金属性质非常活泼。

A.1 000 ℃

B.2 000 ℃

C.3 000 ℃

3.扑灭甲类火效果最好的是(　　)。

A.二氧化碳

B.一氧化碳

C.水

4.灭电器设备火灾,应先(　　),然后可按甲类火扑救。

A.用水浇

B.切断电源

C.用泡沫灭火

5.轻金属引起的火灾属于(　　)。

A.甲类火

B.丁类火

C.丙类火

6.丙类火具有的特点是(　　)。

A.只限于表面燃烧

B.容易复燃

C.易燃易爆性大

7.电器火灾在无法断电时可用(　　)来扑救。

A.泡沫与干粉

B.二氧化碳与水

C.干粉与二氧化碳

8.可用强水流扑救的火灾是(　　)。

A.碳化钙火灾

B.三酸火灾

C.棉花火灾

9.燃烧时能深入内部,有余烟,易复燃为( )。

A.甲类火

B.丁类火

C.丙类火

10.属于甲类火灾的是( )。

A.棉麻火灾

B.酒精火灾

C.液化气火灾

二、判断题

1.石油起火最佳灭火剂是泡沫,因它能均匀地逐渐地流布覆盖在油面上,而使火熄灭。( )

2.特别重大火灾是指造成30人以上死亡,或100人以上重伤,或1亿元以上直接财产损失的火灾。( )

3.灭电器火灾时,如无法切断电源,可用泡沫来扑救。( )

4.扑救金属火灾时,应采用金属型干粉或沙土。( )

5.能破坏中止燃烧的物质是灭火剂。( )

6.乙类火燃烧特点是在液体表面燃烧,且燃烧速度快,温度高,易引起爆炸。( )

7.对甲类火,二氧化碳和水同时使用,灭火效果最好。( )

8.轻金属是固体,但其燃烧不属于甲类火。( )

9.一般将火分成三类,即固体可燃物着火、液体可燃物着火、电器着火。( )

10.轻金属是固体,它引起的火灾属于普通固体火灾。( )

任务二 灭火方法及原理

必备知识

燃烧必须同时具备三要素,并且还要使这三要素相互结合、相互作用。而灭火方法就是使这三个要素不同时存在或者相互不发生作用,主要有隔离法、窒息法、冷却法和抑制法(又称化学中断法或中止法)等。

一、隔离法

隔离法是将可燃物质从燃烧的地方移走,从而将火与可燃物质隔开,或者迅速将燃烧物转移到安全地点或投入海中,或者拆除火场附近的易燃物质,或者关闭可燃气体或可燃液体的阀门等,这些都是采取隔离法的灭火措施。没有了可燃物质,火自然就燃烧不起来或无法继续燃烧下去。

二、窒息法

窒息法是将可燃物质与空气隔绝,使火因缺氧而窒息,以达到灭火的目的。如用不燃的石棉毯、泡沫、干粉和沙子等覆盖在燃烧物的表面,将可燃物与空气隔开,使空气中的氧气起不了助燃作用;或向燃烧的舱室、容器灌入二氧化碳或者惰性气体,以降低空气中的含氧量;或者关闭火场的门窗、通气筒、舱盖和人孔等以停止或减小空气中氧气的供应,使空气中含氧量迅速减小。当火灾区域中的空气含氧量降到11%以下时,对一般可燃物质来说,就会因缺氧而使火熄灭。

三、冷却法

冷却法是将燃烧物的温度降低,使燃烧温度低于燃烧物质的燃点温度,使火因失去热量而熄灭。如用水、二氧化碳等直接喷洒在燃烧物上来降温灭火;或者用水对火源附近的可燃物进行喷射来降低其温度,从而阻止火势的蔓延。

四、抑制法(化学中断法或中止法)

抑制法是将灭火剂渗入燃烧反应中,使助燃的游离基消失,或者产生稳定的或活动性很弱的游离基,从而使燃烧反应终止。例如,使用干粉灭火剂扑救可燃气体火灾就属于此种灭火方法。

📢 要 点

燃烧必须同时具备三要素,并且还要使这三要素相互结合、相互作用。而灭火的原理就是使这三个要素不同时存在或者相互不发生作用,故灭火方法主要有隔离法、窒息法、冷却法、抑制法(又称化学中断法或中止法)等。

📑 思考题

简述灭火的几种方法。

⭐ 练习题

一、选择题

1.抑制法灭火原理是(　　　　)。

A.隔离可燃物

B.夺取助燃的游离基

C.隔离空气

2.使用干粉灭火剂扑救可燃气体火灾属于(　　　　)灭火方法。

A.冷却法

B.隔离法

C.抑制法

3.在火灾现场迅速将可燃物转移到安全地点是( )。

A.抑制法灭火

B.隔离法灭火

C.冷却法灭火

4.隔离法灭火是想方设法使燃烧区域减小( )。

A.氧含量

B.可燃物

C.水含量

5.窒息法灭火原理是( )。

A.减少氧气含量

B.降低现场温度

C.隔离可燃物

6.向燃烧的舱室、容器灌入二氧化碳或者惰性气体是( )灭火法。

A.冷却

B.窒息

C.隔离

7.当机舱发生火灾时,立即关闭油柜阀门属于( )。

A.冷却法

B.窒息法

C.隔离法

8.一般可燃物燃烧时,当空气中的含氧量降低到( )时,火就会熄灭。

A.16%

B.12%

C.11%

9.冷却法灭火是将燃烧物的温度降到( )。

A.自燃点以下

B.燃点以下

C.闪点以下

10.当燃烧中物质的温度降至( )以下时,火就会熄灭。

A.闪点

B.燃点

C.自燃点

11.为把燃烧区域温度降下来,可用( )。

A.二氧化碳

B.干粉

C.水

12.抑制法又叫( )。

A.化学中断法

B.冷却法

C.窒息法

13.在灭火的基本方法中,抑制法是(　　　)。

A.隔离可燃物

B.夺取助燃的游离基

C.隔离空气

二、判断题

1.抑制法灭火原理是:灭火剂渗入燃烧反应中,夺取助燃的游离基。(　　　)

2.隔离法灭火是迅速将燃烧物从燃烧的地方转移到安全地点或投入海中。(　　　)

3.灭火基本方法分为隔离法、窒息法、冷却法、抑制法四种。(　　　)

4.把可燃物质迅速从火灾区域移走,此种方法称为隔离法。(　　　)

5.窒息法灭火是减少切断助燃的氧气进入燃烧现场。(　　　)

6.用石棉毯盖在燃烧物上使火熄灭,属于隔离法。(　　　)

7.用沙土灭火主要是利用其窒息灭火作用。(　　　)

8.用窒息法灭火,使空气中的含氧量降到21%以下时,火即熄灭。(　　　)

9.灭火的基本方法中抑制法又称化学中断法。(　　　)

10.冷却法灭火原理是将燃烧物的温度降到自燃点以下。(　　　)

项目四

灭火剂的种类及其扑救的火种

在燃烧过程中,能有效地破坏燃烧条件达到中止燃烧目的的物质,称为灭火剂。现在常用的灭火剂有水、泡沫、二氧化碳、化学干粉等。另外,卤代烷灭火剂(如 1211、1301)因环境保护等问题而被淘汰,世界各国开始着手于新型灭火剂的研发和生产,至今,已取得了不错的进展。这些新型灭火剂在保护地球环境方面不同程度上优于卤代烷灭火剂,成为替代之选。

任务一 水

必备知识

水是常用的灭火剂,在所有的火灾扑救中被广泛应用,取之不尽,用之不竭。特别是在船舶上,水可以很容易获得,各种船舶都设有水消防系统。

一、灭火作用

1.冷却作用

冷却是水的主要灭火作用。水的比热比任何其他液体的比热都要大。常压下,1 kg 的水,温度升高 1 ℃要吸收 4.18 kJ 的热量。水的汽化热也很大,1 kg 的水在 100 ℃时变成同温度的蒸汽要吸收 2 259 kJ 的热量。所以,当水与炽热的燃烧物接触时,在被加热和汽化的过程中,会大量吸收燃烧物的热量,从而迫使燃烧物的温度大大降低,最终停止燃烧。

2.窒息作用

水遇到炽热的燃烧物后会因汽化而产生大量的水蒸气。1 kg 的水汽化后可生成 1 700 L 的水蒸气。水变成水蒸气后,体积会急剧增大,大量水蒸气的产生会排挤和阻止空气进入燃烧区,从而降低了燃烧区内氧气的含量,可燃物的燃烧因缺氧而熄灭。试验表明,当空气中的水蒸气体积含量达到35%时,大多数燃烧都会停止。1 kg的水变成水蒸气时的抑燃空间可达到5 m^3,有着良好的窒息灭火作用。

3.对水溶性可燃易燃液体的稀释作用

对于水溶性(能够与水互相溶解)液体火灾,水与可燃液体混合可降低可燃液体的浓度,从而降低了蒸发速度和燃烧区内可燃气体的浓度,使燃烧强度减弱;再者当水溶性可燃液体被水稀释到可燃浓度以下时,燃烧就会自行停止。

4.水力的冲击作用

在船舶消防泵的作用下,直流水枪射出的密集水流具有强大的冲击力和动能。高压水流强烈地冲击燃烧物和火焰,可冲散燃烧物,使燃烧强度显著减弱;还可冲断火焰,使之熄灭。

5.对可燃液体的乳化作用

当喷雾水以一定的速度喷向黏性的非水溶性可燃液体表面时,由于雾状水流的冲击作用,在可燃液体表面会形成相对稳定的"乳化层"。可燃液体表面覆盖了这一层乳化物,就可以减小可燃液体的蒸发量,从而使燃烧难以继续下去。

二、灭火对象

1.水用于扑救一般固体物质的火灾。

2.喷雾水枪喷出的水雾能够罩住燃烧物,吸热后会形成蒸汽窒息火焰,可用于扑救原油、重油的火灾。

3.水柱或者水雾能对油舱壁、甲板以及油柜表面等进行冷却,并可保护消防人员免受火辐射热的灼伤,使消防人员可以更加接近火场。

三、灭火注意事项

1.水不能用来扑救轻金属的火灾,因为在极高温度下水会分解生成氢气,并能放出大量热量,使氢气自燃或爆炸。

2.水不能用来扑救三酸(硫酸、硝酸、盐酸)火灾,因为水与酸液接触会引起酸液发热飞溅,危害严重。

3.水不能用来扑救碳化钙(电石)的火灾,因为碳化钙遇水会生成易燃气体乙炔,放热、易爆炸。

4.水不能用来扑救油类火灾,对闪点低于60 ℃的易燃液体,采用水雾灭火效果极差。

5.水不能用来扑救未切断电源的电气设备火灾。水为导电体,有触电的危险。

6.水不能用来扑救熔化钢液附近的火灾,水在高温下能分解出氢气和氧气,有爆炸危险性。

7.用水灭火,要考虑对船舶稳性和船体强度的影响。

🔊 要　点

水的分子式是 H_2O,它是一种无色无味的透明液体。水在自然界中有三种状态:气态、液态和固态,它是最常用的一种灭火剂。水的灭火作用是多方面的,灭火时,往往并不是一种作用的单独结果,而是几种作用的综合结果。在不同情况下,各种灭火作用在灭火中的地位可能不同,但是一般情况下,冷却是水的主要灭火作用。

思考题

1.水有哪些灭火作用?

2.水可以用来扑救哪些火灾?

3.用水灭火有哪些注意事项?

练习题

一、选择题

1.电石的火灾可以用( )扑救。

A.水

B.水雾

C.二氧化碳

2.当空气中的水蒸气体积含量达到( )时,大多数燃烧都会停止。

A.25%

B.35%

C.45%

3.凡出海船舶都应安装( )。

A.二氧化碳灭火系统

B.水灭火系统

C.泡沫灭火系统

4.水灭火的主要作用是( )。

A.冷却

B.窒息

C.隔离

5.当用水柱灭火时,1 kg水可产生( )水蒸气。

A.1 000 L

B.1 500 L

C.1 700 L

6.1 kg的水变成水蒸气时,其抑燃空间可达到( )。

A.1 m^3

B.3 m^3

C.5 m^3

7.在水雾灭火系统中,水雾喷嘴应有效而均匀地分布,并保证平方米每分至少有( )的水。

A.12 L

B.8 L

C.5 L

8.以下物品中( )失火,可用强水流扑救。

A.棉花

B.硝酸

C.电石

9.喷雾水枪可用于扑救( )类火灾。

A.原油

B.电气

C.轻金属

10.喷雾水枪可用于扑救( )类火灾。

①原油;②轻金属;③重油

A.①②

B.①③

C.①②③

二、判断题

1.油类着火可用水柱扑救,因水吸热性高、冷却快,故火易熄灭,且不易复燃。( )

2.水的比热比任何其他液体的比热都要大。( )

3.水柱或者水雾能对油舱壁、甲板以及油柜表面等进行冷却,并可令消防人员免受火辐射热的灼伤,使消防人员可以更加接近火场。( )

4.不能用水扑救未切断电源的电气设备火灾,水为导电体,有触电的危险。( )

5.不能用水扑救熔化钢液附近的火灾,水在高温下能分解出氢气和氧气,有爆炸危险。( )

6.用水灭火,要考虑对船舶稳性和船体强度的影响。( )

7.水对轻金属火灾,也是有效的灭火剂。( )

8.水对三酸引起的火灾,也是有效的灭火剂。( )

9.水可以扑救装有大量电石的货舱火灾。( )

10.水是常用的灭火剂,在所有的火灾扑救中被广泛应用,取之不尽,用之不竭。( )

任务二 泡沫

必备知识

泡沫灭火剂是指凡能够与水混溶,并可通过化学反应或机械方法产生灭火泡沫的灭火剂。泡沫是一种体积较小,表面被液体所包围的气泡群。火场中所使用的灭火泡沫是由泡沫灭火剂的水溶液,通过物理、化学作用,填充大量气体(二氧化碳或者空气)后形成的。

一、灭火作用

1. 窒息作用

泡沫与泡沫之间的黏力使易燃液体的蒸气无法穿过,在泡沫把液面全部覆盖以后,就会形成空气隔绝层,从而断绝新鲜空气的来源,起到窒息灭火作用。

2. 冷却作用

泡沫中含有水分,对可燃物表面也能起到冷却作用,并抑制可燃易燃液体的蒸发速度。

3. 隔热作用

由于泡沫的密度远远小于一般可燃易燃液体的密度,因此其可以漂浮于液体的表面,形成一个泡沫覆盖层。泡沫由于导热性能低,故可以阻止热量向液面传递。

二、泡沫的分类

泡沫灭火剂一般按其生成机理、发泡倍数和用途进行分类。

1. 按生成机理分类

泡沫灭火剂按照泡沫的生成机理可以分为化学泡沫灭火剂和空气泡沫灭火剂两大类。

(1)化学泡沫是通过两种药剂的水溶液发生化学反应所产生的,泡沫中的气体是二氧化碳。其发泡倍数为 5.5~10;与水的密度比为 0.15~0.25;泡沫持久性不少于25 min,30 min 泡沫消失率小于 25%。化学泡沫由发泡剂、泡沫稳定剂或其他添加剂组成。船舶上多见的化学泡沫是由碱性的碳酸氢钠和酸性的硫酸铝水溶液、发泡剂、甘草汁互混产生化学反应而生成的。其反应方程式为

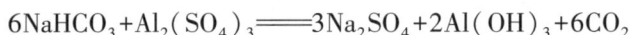

$$6NaHCO_3+Al_2(SO_4)_3 =\!=\!=\!= 3Na_2SO_4+2Al(OH)_3+6CO_2$$

(2)空气泡沫又称为空气-机械泡沫,它是一定比例的空气、泡沫液和水,利用机械搅拌,使其相互混合而形成的充满空气的膜状气泡。空气泡沫中的气体为空气。

2. 按发泡倍数分类

发泡倍数是指泡沫灭火剂的水溶液变成灭火泡沫后的体积膨胀倍数。通常使用的灭火泡沫,其发泡倍数的范围为 2~1 000 倍。泡沫灭火剂按其发泡倍数可以分为低倍数泡沫、中倍数泡沫和高倍数泡沫三类。

(1)低倍数(低膨胀率)泡沫灭火剂的发泡倍数一般在 20 倍以下。

(2)中倍数(中膨胀率)泡沫灭火剂的发泡倍数一般为 20~200 倍。

(3)高倍数(高膨胀率)泡沫灭火剂的发泡倍数一般为 200~1 000 倍。

化学泡沫灭火剂都属于低倍数泡沫灭火剂,空气泡沫灭火剂中的绝大部分也属于低倍数泡沫灭火剂。

3. 按用途分类

泡沫灭火剂按照泡沫用途可以分为普通泡沫灭火剂和抗溶性泡沫灭火剂两类。

(1)普通泡沫灭火剂适用于扑救甲类火灾和乙类火灾中的非可溶性液体火灾。

（2）抗溶性泡沫灭火剂适用于扑救甲类火灾和乙类火灾中的可溶性液体火灾。

4.按发泡剂的类型分类

（1）蛋白泡沫：以动植物蛋白的水溶液为基料，加入稳定剂、防腐剂和防冻剂等辅料加工而成。其按与水的混合比例来分，有 3% 和 6% 两种。蛋白泡沫不能与干粉一起使用。

（2）氟蛋白泡沫：在蛋白泡沫的基础上再添加一种氟碳表面活性剂加工而成。氟碳表面活性剂可改善蛋白泡沫的流动性、抗油污染性，还能和干粉灭火剂联合使用。所以，氟蛋白泡沫的灭火效率大大优于普通蛋白泡沫。

（3）水成膜泡沫：又称为"轻水泡沫"。它比氟蛋白泡沫有更好的流动性和抗油污染性，泡沫和水膜的共同存在能迅速抑制燃油蒸气的蒸发，并隔绝空气，迅速灭火。这种泡沫不能用来扑救水溶性可燃液体火灾。

（4）抗溶性泡沫：用于扑救水溶性可燃液体火灾的泡沫。

灭火剂称为抗溶性泡沫，主要用于乙醇、甲醇、丙酮、醋酸乙酯等一般水溶性可燃液体火灾，不宜用于扑救低沸点的醛醚和有机酸、胺等类液体火灾。

（5）合成泡沫：一种以合成表面活性剂为基料的泡沫灭火剂。

三、灭火对象

1.主要用于扑救乙类火：对于非溶性可燃液体火灾，可用普通泡沫扑救；而对于可溶性可燃液体火灾，则只能用抗溶性泡沫扑救。

2.可以扑救甲类火：可以扑救一般固体物质火灾，如木材、纸张、棉麻和粮草等火灾。

四、灭火注意事项

1.不可以扑救丙类火。灭火效果极差。

2.不可以扑救丁类火。泡沫中含有水分，能生成氢气。

3.不可以扑救未切断电源的电气设备火灾。

4.使用泡沫灭火剂时不能同时使用水，因为与水同时使用会破坏泡沫层。

5.对甲类火能起隔绝空气作用，对固体内部的火灾无法扑救，想要彻底扑救固体火灾，必须辅以喷水。

📢 **要　点**

泡沫灭火剂也是一种常用的灭火剂，特别适用于扑救油类火灾。不同类型的泡沫灭火剂适用于不同的场所和不同物质引发的火灾。

🗒 **思考题**

1.泡沫灭火剂有哪些灭火作用？

2.泡沫灭火剂是如何分类的？可分为哪几类？可以用来扑救哪些火灾？

3.用泡沫灭火有哪些注意事项？

★ 练习题

一、选择题

1.泡沫中含有水分,对可燃物表面也能起到(   )作用,并抑制可燃易燃液体的蒸发速度。

A.冷却

B.隔热

C.窒息

2.泡沫灭火主要利用它的(   )。

A.抑制作用

B.冷却与窒息作用

C.隔离作用

3.用泡沫灭火剂扑救未切断电源的电气火灾会产生(   )。

A.隔离空气作用

B.冷却作用

C.触电危险

4.下列可以使用泡沫灭火的是(   )。

A.轻金属着火

B.油类着火

C.可燃气体着火

5.大型油类火最适合使用的灭火剂是(   )。

A.二氧化碳

B.泡沫

C.干粉

6.当机舱发生大火时,若使用泡沫灭火,应使用(   )泡沫灭火系统。

A.低膨胀率

B.中膨胀率

C.高膨胀率

7.高膨胀泡沫灭火剂的发泡倍数一般为(   )。

A.20~100 倍

B.100~500 倍

C.200~1 000 倍

8.高倍数泡沫应用于(   )。

A.油船甲板火灾

B.驾驶台火灾

C.机舱、油泵间火灾

9.低膨胀泡沫灭火剂的发泡倍数一般为(   )。

A.30 倍以下

B.40 倍以下

C.20 倍以下

10.空气泡沫低膨胀泡沫灭火剂的发泡倍数一般为（　　　）。

A.20 倍以下

B.30 倍以下

C.16 倍以下

二、判断题

1.空气泡沫一般分为高膨胀、中膨胀、低膨胀泡沫三种。（　　　）

2.泡沫灭火剂是指凡能够与水混溶，并可通过化学反应或机械方法产生灭火泡沫的灭火剂。（　　　）

3.泡沫和干粉两种灭火剂可以同时使用。（　　　）

4.泡沫和水不能同时使用。（　　　）

5.电气火灾用泡沫扑救也是有效的。（　　　）

6.泡沫灭火剂对油火是有效的灭火剂。（　　　）

7.发生大面积油火时，最佳灭火剂是空气泡沫。（　　　）

8.对溶于水的乙醇、丙酮等物质的火灾，使用水灭火是有效的。（　　　）

9.干粉灭火剂与蛋白型泡沫联用灭火效果最好。（　　　）

10.油船甲板上使用的空气泡沫是低倍数泡沫。（　　　）

任务二　二氧化碳

必备知识

二氧化碳是一种稳定的化合物，是一种本身不燃、不助燃、无色、无味的惰性气体。它与空气的密度比约为 1∶1.5，用降温、加压便能使其液化，便于灌装和贮存，且制造方便，价格低廉，不导电，还具有一定的渗透和环绕能力，在消防上是一种被广泛应用的有效灭火剂。

一、灭火浓度

灭火浓度是评价二氧化碳灭火剂的灭火效能的一个指标。对于普通固体物质的火灾，用二氧化碳扑救时，其浓度要求达到 30% 以上；对于可燃液体或者类似物质的火灾，用二氧化碳扑救时，其浓度要求达到 40% 以上。

二、灭火作用

1.窒息作用

用二氧化碳灭火时，从灭火器喷射出低温二氧化碳气体，并夹有少量的干冰，干冰进入空气后即会迅速吸热升华,产生二氧化碳气体。因为二氧化碳气体密度大于空气,所以,一经喷出即在火场区域下沉,罩住燃烧物的表面,使其与空气隔绝,同时也冲淡了火场中的氧气,使其含量降低。实验证明,当二氧化碳在空气中的浓度达到 30% ~ 50% 时,绝大多数的燃烧都会熄灭。

2.冷却作用

气态二氧化碳在 0 ℃时,加压到 36 kg/cm² 以液态形式储存在钢瓶内,体积会缩小 450 倍。二氧化碳施放时,能迅速气化吸收其自身的热量,导致液体本身温度急剧下降。当其温度低至 -78.5 ℃时,就会有细小的雪花状二氧化碳固体(干冰)出现,并从周围空气中吸收大量的热量(每千克液态二氧化碳气化时约需 577.7 kJ 的热量)来降低燃烧物的温度,对燃烧物有一定冷却作用。

三、灭火对象

1.适用于扑救可燃液体火灾。

2.适用于扑救带电设备的初起火灾。

3.对甲类火能起控制作用,但必须尽快喷水才能见效。

4.二氧化碳特别适用于扑救那些易受到水、泡沫及干粉等灭火剂损坏的物质火灾,这是因为在灭火时,二氧化碳不会对火场的环境造成污染,不腐蚀设备和贵重物品,灭火后不留痕迹。

四、灭火注意事项

1.对可燃气体的火灾,灭火效果较差,一般不用二氧化碳扑救。

2.对轻金属火灾,不能用二氧化碳扑救。

3.由于二氧化碳施放时,能出现低温,故应防止手、眼冻伤。

4.二氧化碳能使人窒息,当空气中含量为 5% 时,人就会呼吸困难;超过 10% 时,会使人窒息而亡。

5.在船上,使用二氧化碳固定灭火系统灭火前,必须先发出警报,通知人员撤离。二氧化碳灭火时,不能同时用水扑救。

🔊 **要 点**

二氧化碳是一种被广泛应用的灭火剂,应掌握其灭火作用、灭火对象、灭火注意事项。

📚 **思考题**

1.二氧化碳灭火剂有哪些灭火作用?

2.二氧化碳灭火剂可以用来扑救哪些火灾?

3.用二氧化碳灭火有哪些注意事项?

⭐ 练习题

一、选择题

1.金属钾、铯、锂、镁、铝粉的火灾不可用( )扑救。

A.沙土

B.二氧化碳

C.金属型干粉

2.对于可燃液体或者类似的物质火灾,用二氧化碳扑救时,其浓度要求应达到( )以上。

A.40%

B.30%

C.50%

3.当二氧化碳在空气中的浓度达到( )时,绝大多数的燃烧都会熄灭。

A.10%～30%

B.20%～40%

C.30%～50%

4.二氧化碳对( )类火能起控制作用,但必须尽快喷水才能见效。

A.丙

B.乙

C.甲

5.对可燃( )的火灾,二氧化碳灭火效果较差,一般不采用。

A.固体

B.液体

C.气体

6.二氧化碳本身( ),比空气重,是一种无色、无味的惰性气体。

A.能燃、不助燃

B.不燃、能助燃

C.不燃、不助燃

7.二氧化碳的灭火原理主要是( )。

A.化学中断法

B.窒息作用

C.隔离法

8.液化后的二氧化碳体积缩小了( )。

A.400 倍

B.420 倍

C.450 倍

9.二氧化碳灭火剂喷射时温度低达( )。

A.-78.5 ℃

B.-68.5 ℃

C.-58.5 ℃

10.扑救精密仪器设备和贵重电气设备的火灾,应使用(　　)。

A.干粉

B.二氧化碳

C.泡沫

二、判断题

1.二氧化碳释放时,会出现低温,因此,要防止冻伤手、眼部位。(　　)

2.灭火浓度是评价二氧化碳灭火剂的灭火效能的一个指标。(　　)

3.用二氧化碳灭火时,从灭火器喷射出高温二氧化碳气体,并夹有少量的干冰,干冰进入空气后即会迅速吸热升华,产生二氧化碳气体。(　　)

4.因为二氧化碳气体密度大于空气,一经喷出即在火场区域下沉,罩住燃烧物的表面,使其与空气隔绝,同时也冲淡了火场中的氧气,使其含量降低。(　　)

5.二氧化碳适用于扑救可燃液体火灾。(　　)

6.二氧化碳适用于扑救带电设备的最大火时的火灾。(　　)

7.在船上,使用二氧化碳固定灭火系统灭火后,必须先发出警报,通知人员撤离。(　　)

8.二氧化碳灭火时,不能同时用水扑救。(　　)

9.二氧化碳本身不燃,不助燃,比空气轻,是一种无色、无味的惰性气体。(　　)

10.二氧化碳是一种不助燃、不导电、无腐蚀性的惰性气体,比空气重。(　　)

任务四　干粉

必备知识

干粉灭火剂,又称粉末灭火剂,是一种干燥、易于流动的微细固体粉末。它是由灭火基料(如碳酸氢钠——小苏打、碳酸氢钾、氯化钾、硫酸钾、磷酸铵或磷酸铵盐等)与适量流动促进剂和防潮剂等添加剂(如滑石粉、云母粉、石英粉、硬脂酸镁、磷酸钙等)研制而成的。其中,基料为各种灭火剂,含量一般在90%以上;添加剂都是一些疏水性物质,通过这些疏水性物质的机械隔离作用与在无机盐粉粒表面形成疏水膜来改正干粉的吸湿性,从而增强抗结块能力与流动性,含量一般在10%以下。

一、干粉灭火剂的种类

干粉灭火剂的优点是:灭火效力大、灭火速度快、无毒、不腐蚀、不导电,且久储不变质等。目前国际上生产的干粉灭火剂品种繁多,但归纳起来大致可以分为以下三类:

1.以重碳酸为基料的干粉

如小苏打干粉、碳酸氢钾干粉(紫钾盐干粉)。小苏打(碳酸氢钠)干粉灭火剂是以含量不小于90%的碳酸氢钠为原料,再加入适量添加剂,并经过防潮防结块处理的干粉灭火剂。

2.磷酸铵

如以磷酸三铵、磷酸二氢铵及其混合物为基料的干粉。磷酸铵灭火剂是以磷酸二氢铵为主要成分的干粉灭火剂。这种干粉不仅具有磷酸氢钠干粉灭火剂的灭火性能,并且还能灭甲类物质的火灾,故简称为 ABC 干粉,又称为通用干粉,可扑救易燃液体、可燃气体、电气设备的火灾,也可扑救木材一类的可燃固体火灾。

3.其他干粉

如以氯化钠、碳酸钠、氯化钾和氯化钡等为基料的干粉。目前我国主要生产小苏打干粉。这种干粉成本低,且原料易得,并有一定的灭火效力,是上述几类产品中年产量最大、应用最广的品种。

二、灭火作用

干粉灭火剂平时一般贮存于干粉灭火器或干粉灭火设备中,灭火时依靠加压惰性气体(二氧化碳或者氮气)的压力使干粉从喷嘴射出,形成一股夹带着加压气体的雾状粉粒气流,以此射向燃烧物。当干粉与火焰接触时便会发生一系列的物理化学作用,从而将火扑灭。

1.对有焰燃烧的抑制作用:干粉的主要灭火作用是化学抑制作用。在维持燃烧链式反应中关键的游离基是"H+"和"OH−",当干粉进入燃烧区域与火焰接触时,可以同时捕获大量的"H+"和"OH−"。大量的干粉喷入燃烧区,"H+"和"OH−"就会很快地被耗尽,链式燃烧反应被终止,从而使火焰熄灭。

2.干粉的隔断热辐射作用:干粉的相对密度比较大,在气流的作用下能够覆盖到燃烧物体的表面,而不致被气流冲散。使用干粉灭火时,浓云般的干粉与火焰相混合可以降低残存火焰对燃烧物表面的热辐射。磷酸盐等化合物还有导致炭化的作用,可使燃烧固体表面炭化,因为炭化层是热的不良导体,所以,它可使燃烧过程暂时变得缓慢,从而使火焰的温度降低。

3.对火场中空气的稀释作用:干粉灭火剂的基料在火焰的高温作用下会发生一系列的分解反应,这些反应通常都为吸热反应,可吸收火焰的部分热量。这些分解反应所产生的不活性气体,如二氧化碳、水蒸气等,对区域内的氧气浓度具有稀释作用。

4.烧爆现象:干粉受到高温作用会爆裂成许多更小的微粒。这样,干粉与火焰的接触面积就会急剧增加,从而提高了干粉的灭火效果。

三、灭火对象

1.扑救可燃液体火灾,效果较好。

2.扑救可燃气体火灾,效果较好。

3.对于一些电气设备火灾,可以使用,但对于一些精密仪器的火灾,应谨慎使用。

4.对于可燃固体,它只能起控制火灾的作用,必须辅以喷水,才能见效。

四、灭火注意事项

1.对于轻金属火灾,不能使用普通干粉,而应采用金属型干粉,例如7150灭火剂进行扑救。

2.燃烧时能够自身供氧或施放氧的化合物的火灾,例如硝酸纤维、过氧化物等的火灾,不能使用干粉灭火剂扑救。

3.对于碱金属火灾,不能用干粉扑救,例如钾、钠、镁、钛、锌等的火灾,不能使用干粉灭火剂扑救。

4.干粉只能扑救普通固体的表面火灾,而不能控制扑救普通固体物质的内部火灾。

5.精密仪器设备和贵重电气设备的火灾,不能使用干粉灭火剂扑救。因为干粉喷射后,设备虽能得以保护,但残存的干粉却很难清除干净,这会使设备丧失精度或被腐蚀。

6.喷射时,干粉飞扬,应防止损害人员的呼吸系统。

🔊 要 点

掌握干粉灭火剂的分类、灭火作用、灭火对象及灭火注意事项。

📖 思考题

1.干粉灭火剂有哪些灭火作用? 对其灭火浓度有何要求?

2.干粉灭火剂可以用来扑救哪些火灾?

3.用干粉灭火有哪些注意事项?

⭐ 练习题

一、选择题

1.目前我国主要生产(   ),这种干粉成本低,且原料易得,并有一定的灭火效力,其年产量大、应用广泛。

A.氯化钠干粉

B.磷酸铵干粉

C.小苏打干粉

2.扑救轻金属火灾,可使用(   )。

A.普通干粉

B.金属型干粉

C.二氧化碳

3.干粉灭火器是依靠压缩(   )驱动干粉喷射灭火的。

A.二氧化碳或氮气

B.二氧化碳或空气

C.氮气或氧气

4.轻金属钾、钠等引起的火灾可用(　　)扑救。

①水;②特殊干粉

A.①

B.②

C.①②

5.扑救轻金属钠、锌、镁等火灾的最佳灭火剂是(　　)。

A.特殊干粉

B.二氧化碳

C.水

6.A、B、C 干粉又称(　　)。

A.金属干粉

B.通用干粉

C.特殊干粉

7.干粉灭火剂的特点为(　　)。

①灭火效力大,速度快;②无毒,不腐蚀,不导电

A.①

B.②

C.①②

8.干粉灭火捕获的在维持燃烧链式反应中关键的游离基是(　　)。

A."H+"和"OH+"

B."H－"和"OH－"

C."H+"和"OH－"

9.小苏打干粉灭火剂是以含量不小于(　　)的碳酸氢钠为原料,再加入适量添加剂,并经过防潮防结块处理的干粉灭火剂。

A.90%

B.80%

C.70%

10.对铝粉火灾可使用的灭火剂为(　　)。

A.二氧化碳

B.泡沫

C.7150 金属型干粉

二、判断题

1.干粉扑救可燃液体火灾,效果较好。(　　)

2.因镁过量而引起的火灾,不能使用干粉灭火剂扑救。(　　)

3.因钠过量而引起的火灾,能使用干粉灭火剂扑救。(　　)

4.因钾过量而引起的火灾,不能使用干粉灭火剂扑救。(　　)

5.对于碱金属火灾,不能用干粉扑救。(　　)

6.过氧化物引起的火灾,能使用干粉灭火剂扑救。(　　)

7.硝酸纤维引起的火灾,不能使用干粉灭火剂扑救。(　　)

8.磷酸铵灭火剂可扑救易燃液体、可燃气体、电气设备的火灾。（　　　）

9.干粉灭火剂对于一些电气设备火灾,可以使用,但对于一些精密仪器的火灾,也同样可以使用。（　　　）

10.干粉既能扑救普通固体的表面火灾,又能控制扑救普通固体物质的内部火灾。（　　　）

任务五　沙土

必备知识

一、灭火作用

沙土也可作为灭火剂来使用,主要用来扑灭初起的小火。火灾发生的初期,面积不大,产生的热量不多,如附近没有其他灭火器,可随手使用沙土对着火点进行覆盖,以隔绝空气,阻止氧气进入,达到窒息灭火的效果。

二、灭火对象及灭火注意事项

沙土可用来扑救甲类火、乙类火及丁类火,效果较好,对丙类火效果不佳。但不能用来扑救爆炸品的火灾。

要　点

沙土的灭火作用、灭火对象、灭火注意事项。

思考题

1.沙土有哪些灭火作用?

2.沙土可以用来扑救哪些火灾?

3.用沙土灭火有哪些注意事项?

练习题

一、选择题

1.沙土不能用来扑救(　　　)。

A.电器火

B.金属火

C.爆炸品火

2.沙土灭火剂对(　　)类火的灭火效果不佳。

A.乙

B.丙

C.丁

3.钙、铂粉、铝粉的火灾可用(　　)扑救。

A.水

B.泡沫

C.沙土

4.轻金属火,可用(　　)灭火剂扑救。

A.二氧化碳

B.泡沫

C.沙土

5.火灾发生的初期,面积不大,产生的热量不多,如附近没有其他灭火器,可随手使用(　　)。

A.杂物

B.木屑

C.沙土

二、判断题

1.可用沙土、蒸汽、酸碱灭火剂扑救爆炸品火灾。(　　　)

2.沙土主要用于扑救初期小火,灭火作用是窒息。(　　　)

任务六　新型灭火剂

必备知识

相对于逐步被淘汰的卤代烷(哈龙)灭火剂,取而代之的灭火剂不妨称为新型灭火剂。现阶段在中国常用的替代卤代烷的灭火剂及灭火系统主要有:卤代烃类哈龙替代灭火剂、惰性气体灭火剂、气溶胶灭火系统和细水雾灭火系统等。

一、卤代烃类哈龙替代灭火剂

七氟丙烷(HFC-227ea)灭火剂和三氟甲烷(HFC-23)灭火剂属于这一类型。七氟丙烷灭火剂的灭火机理为冷却和部分化学作用,灭火剂在气化过程中要吸收大量热量。三氟甲烷灭火剂的灭火机理与七氟丙烷类似,在灭火过程中还会降低空气中氧气的含量。

这两种灭火剂都是人工合成的无色、无味、不导电的气体,不破坏大气臭氧层,灭火后无残留物。在灭火过程中,二者会产生氢氟酸,因此要求该灭火剂的喷放时间不得超过 10 s,以保证不会造成分解物 ppm(百万分比)浓度值过高。

二、惰性气体灭火剂

惰性气体灭火剂常用的有烟烙烬 IG-541。它是氮气(52%)、氩气(40%)、二氧化碳(8%)混合而成的惰性气体,无色、无味、无毒,不导电,灭火过程洁净,灭火后不留痕迹,不破坏大气臭氧层,对环境无任何影响。当火灾发生时喷入上述气体使保护区氧气浓度降至 12.5% 以下,阻止可燃体氧化继续进行,从而达到灭火目的。

三、气溶胶灭火系统

气溶胶的介质是气体,气溶胶是微细的固体颗粒,或微细的液体颗粒和惰性气体在气体介质中悬浮、弥散形成的溶胶状态。

气溶胶按形成的方式可分为:"高温技术气溶胶"(也称"热气溶胶")和"非高温技术气溶胶"(也称"冷气溶胶")。热气溶胶灭火技术,是将固体燃料混合剂通过自身燃烧反应,产生足够浓度的悬浮固体颗粒和惰性气体,释放于着火空间,抑制火焰燃烧,并且使火焰熄灭。烟雾灭火技术就属于热气溶胶技术范畴。冷气溶胶灭火技术通过压力使容器内的超细干粉经喷头喷出,使其悬浮于着火空间,使火焰熄灭。实际上,细水雾灭火技术,也是一种冷气溶胶灭火技术。

气溶胶的特点:

1.以固态形式存放,不会挥发,贮存时间长,不易泄漏。

2.灭火效率高、速度快,是二氧化碳灭火剂的 10~15 倍。

3.不导电,无毒无害,不会破坏大气臭氧层,属于绿色环保消防灭火剂。

四、细水雾灭火系统

"细水雾"是相对于"水喷雾"的概念。所谓的细水雾,是使用特殊喷嘴,通过高压喷水产生的水微粒。细水雾灭火系统对保护对象可实施灭火、抑制火、控制火、控温和降尘等多种方式的保护,其灭火机理和水完全相同,只是其灭火性能比经过消防水枪喷出的消防水的灭火效果更佳。

细水雾灭火系统是利用高压或气流,将流过喷嘴的水形成极细的水滴,进行灭火或防护冷却的一种固定灭火系统。其灭火机理主要是冷却、窒息,可以用于保护经常有人的场所。细水雾具有良好的电绝缘性,对环境无污染,可以降低火灾总烟气含量的毒性。

细水雾灭火系统的缺点:一是细水雾对水的粒径要求严格,导致对喷嘴的制造与使用要求较高,目前国内外开发的细水雾灭火系统要求的系统压力高,对管路配件及水泵的工作压力要求相应提高,也带来相应的价格和技术方面的问题;二是作为灭火剂的水质要求要绝对稳定(即纯净水),给细水雾灭火系统大范围的推广带来一定难度;三是该系统还处于不断的自我完善阶段,系统应用范围狭窄,不同的细水雾灭火系统只适用于规定的保护对象,不具备通用性,局限性较大。

要　点

了解各种新型灭火剂的灭火作用、灭火对象、灭火注意事项。

思考题

1.有哪些新型灭火剂?

2.简述气溶胶灭火剂的特点。

练习题

一、选择题

1.气溶胶的灭火效率是二氧化碳灭火剂的(　　　)倍。

A.5

B.10～15

C.20

2.三氟甲烷(HFC-23)灭火剂属于(　　　)。

A.气溶胶灭火剂

B.惰性气体灭火剂

C.卤代烃灭火剂

3.在灭火过程中,三氟甲烷灭火剂会产生氢氟酸,因此要求该灭火剂的喷放时间不得超过(　　　)s,以保证不会造成分解物 ppm(百万分比)浓度值过高。

A.10

B.15

C.20

4.烟烙烬 IG-541 属于(　　　)。

A.卤代烃灭火剂

B.惰性气体灭火剂

C.气溶胶灭火剂

5.当火灾发生时,喷入氮气、氩气、二氧化碳等气体使保护区氧气浓度降至(　　　)以下,阻止可燃体氧化继续进行,从而达到灭火目的。

A.8.5%

B.10.5%

C.12.5%

6.气溶胶的介质是(　　　)。

A.固体

B.液体

C.气体

7.烟雾灭火技术属于(　　　)范畴。

A.气溶胶技术

B.冷气溶胶技术

C.热气溶胶技术

8.( )通过压力使容器内的超细干粉经喷头喷出,使其悬浮于着火空间,使火焰熄灭。

A.气溶胶技术

B.冷气溶胶技术

C.热气溶胶技术

9.细水雾灭火机理主要是( ),可以用于保护经常有人的场所。

A.冷却

B.窒息

C.冷却、窒息

10.七氟丙烷(HFC-227ea)灭火剂属于( )。

A.卤代烃灭火剂

B.惰性气体灭火剂

C.气溶胶灭火剂

二、判断题

1.气溶胶不导电,无毒无害,不会破坏大气臭氧层,属于绿色环保消防灭火剂。( )

2.三氟甲烷灭火剂是人工合成的无色、无味、导电的气体,不破坏大气臭氧层,灭火后无残留物。( )

3.烟烙烬 IG-541 灭火剂是氮气、氩气、二氧化碳混合而成的惰性气体,无色、无味、无毒,不导电,灭火过程洁净,灭火后不留痕迹,不破坏大气臭氧层,对环境无任何影响。( )

4.热气溶胶灭火技术是将固体燃料混合剂通过自身燃烧反应,产生足够浓度的悬浮固体颗粒和惰性气体,释放于着火空间,抑制火焰燃烧,并且使火焰熄灭。( )

5.细水雾灭火技术也是一种冷气溶胶灭火技术。( )

6.气溶胶的特点是以固态形式存放,易挥发,贮存时间长,不易泄漏。( )

7."细水雾"是相对于"水喷雾"的概念。所谓的细水雾,是使用特殊喷嘴,通过高压喷水产生的水微粒。( )

8.细水雾灭火系统是利用高压或气流,将流过喷嘴的水形成极细的水滴,进行灭火或防护冷却的一种移动灭火系统。( )

9.细水雾具有良好的电绝缘性,对环境无污染,可以降低火灾总烟气含量的毒性。( )

10.细水雾灭火系统的缺点是作为灭火剂的水质要求要绝对稳定(即纯净水),给细水雾灭火系统大范围的推广带来一定难度。( )

项目五
船用消防器材

必备知识

　　船用消防器材的配备,具有种类多、数量少的特点。船舶常用的消防器材有:手提式和移动式灭火设备、消防队员装备及其他消防用品等。

任务一　手提式灭火器

必备知识

　　手提式灭火器是指在驱动压力的作用下,将所充装的灭火剂喷出来以达到扑救火灾的目的。其特点是:可方便地由人力移动,结构简单、轻便灵活。它主要用于扑救初起的小范围的火灾。在船舶起居处所、服务处所、机器处所、火灾控制站、厨房和每一易燃物料储藏室,都配备有适用形式和足够数量的手提式灭火器。1 000 总吨及以上的船舶至少备有 5 具手提式灭火器。

　　船舶所配备的手提式灭火器应为认可的形式和设计,每个干粉或二氧化碳灭火器的容量至少应为 5 kg,而每一泡沫灭火器的容量至少应为 9 L。所有手提式灭火器的重量应不超过 23 kg,而且必须有至少相当于一个 9 L 液体灭火器的灭火能力。

一、二氧化碳灭火器

1.结构

手提式二氧化碳灭火器由钢瓶、瓶头阀和喷射系统组成,如图 5-1-1 所示。

图 5-1-1　手提式二氧化碳灭火器

（1）钢瓶：充装液态二氧化碳的容器，为高压容器。

（2）瓶头阀：既是密封灭火器钢瓶的盖子，同时也是控制灭火剂喷射的阀门。瓶头阀上装有超压安全保护装置和开启机构。超压安全保护装置为安全膜片。开启机构有两种：手轮式和压把式。手轮式的开启机构是由手轮、螺杆组成的，开启后只能一次用完，现在已淘汰使用。压把式开启机构是由压把和压杆组成的。开启时按下压把，压杆就会下移，推动密封阀芯脱离密封座，使二氧化碳释放出来。松开压把，阀芯则会在弹簧和内部压力的作用下自动复位而关闭。所以，这种开启机构是手动开启、自动关闭型。

（3）喷射系统：由虹吸管、喷射连接管和喷口组成。二氧化碳灭火器喷口与瓶头阀的连接形式有两种：

- 刚性连接式：这种灭火器的喷口用金属管连接在灭火器的瓶头阀上。使用时，喷口和金属管只能绕瓶头阀上下转动，并可以在任意位置停顿，如要左右摆动，就需水平转动灭火器筒体。
- 软管连接式：这种灭火器的喷口用喷射软管与瓶头阀相连，喷口可以绕瓶头阀上下左右任意转动，在喷射软管与喷口的连接处有供人握持的手柄。一般船舶上配备的二氧化碳灭火器都采用这种连接方式。

2.主要技术性能

以国产 MTZ5 型鸭嘴式灭火器为例，其主要技术性能为：钢瓶内装二氧化碳 5 ± 0.2 kg，喷射时间小于 45 s，射程为 2~2.2 m，钢瓶容量为 7 ± 0.2 L。

3.使用方法

（1）取下灭火器，有条件时戴好手套，托住提把提至火场附近，尽量立于上风，距火场约 2 m（即相当于其射程的距离），拉出保险插销，调节好喷口。

（2）将喷口对准火焰根部，按下压把，使二氧化碳灭火剂喷出，由近而远、左右摆动扫射，直到把火扑灭为止。扑救容器内火灾时，操作者应手持喷筒根部的手柄，从容器上部的一侧向容器内喷射，但注意不要使二氧化碳直接冲击到液面上，以免将可燃液体冲出容器而扩大火灾，如图 5-1-2 所示。

图 5-1-2　二氧化碳灭火器使用方法

4.注意事项

（1）没戴防护手套时,不要用手直接握喷筒或金属管,以防冻伤。

（2）在狭小的室内空间使用时,灭火后应迅速撤离,以防被二氧化碳窒息而发生意外情况。

（3）灭火器在喷射过程中应始终保持直立状态,不可将灭火器颠倒使用。

5.维护保养

（1）每月对灭火器进行检查。检查的内容包括:外观、安全销和标志等。

（2）每年对灭火器进行称重,重量减少 1/10 及以上时,必须及时进行补充。

（3）二氧化碳灭火器的存放环境温度不得超过 42 ℃,并且要确保通风、干燥。

（4）对二氧化碳钢瓶,每隔 5 年要进行水压试验。

二、泡沫灭火器

船用泡沫灭火器以前大多为化学泡沫灭火器,现在广泛采取用水成膜(轻水)泡沫灭火器。

1.化学泡沫灭火器

（1）结构:化学泡沫灭火器主要由筒身、瓶胆、筒盖和提环等组成。筒身内盛有碱性溶液(如碳酸氢钠和泡沫剂的水溶液),并且还悬挂有玻璃或聚乙烯塑料瓶胆,瓶胆内盛有酸性溶液(如硫酸铝水溶液)。瓶胆用瓶盖盖上,以防酸液蒸发或者震荡溅出。筒盖是用塑料或钢板压制而成的,装有滤网、喷嘴。筒盖与筒身之间有密封圈;筒盖用螺栓及螺母固定在筒身上。泡沫灭火器分船用和陆用两种,陆用的瓶胆无盖,船用的瓶胆有盖。船用泡沫灭火器按开启方式的不同可分为旋转式、开关式、撬压式和手柄式四种。如图 5-1-3 所示为开关式泡沫灭火器。

图 5-1-3　开关式泡沫灭火器

（2）主要技术性能：MP 型手提式泡沫灭火器容量一般为 8~9.55 L，喷射距离为 8~10 m，能持续喷射 60 s，发泡倍数为 8 倍，30 min 内泡沫消失量不超过 50%。

（3）使用方法（揿压式泡沫灭火器）：用手握住灭火器的提环，平稳、快速地将灭火器提到现场。迅速扳起瓶盖机构，一手握住提环，另一手握住筒身的底边，将灭火器倒置，两种溶液相混产生化学反应而射出泡沫，将泡沫喷向火源，覆盖火焰，如图 5-1-4 所示。倒置时如能摇动筒身，以促使两种溶液更快相混，泡沫射程会更远，能提高灭火效果。扑救液体火灾时，要对准火场中的舱壁或物体的垂直面进行定点喷射，让泡沫借助反冲力向周围均匀流散，直至将燃烧液面全部盖住，使火窒息熄灭。

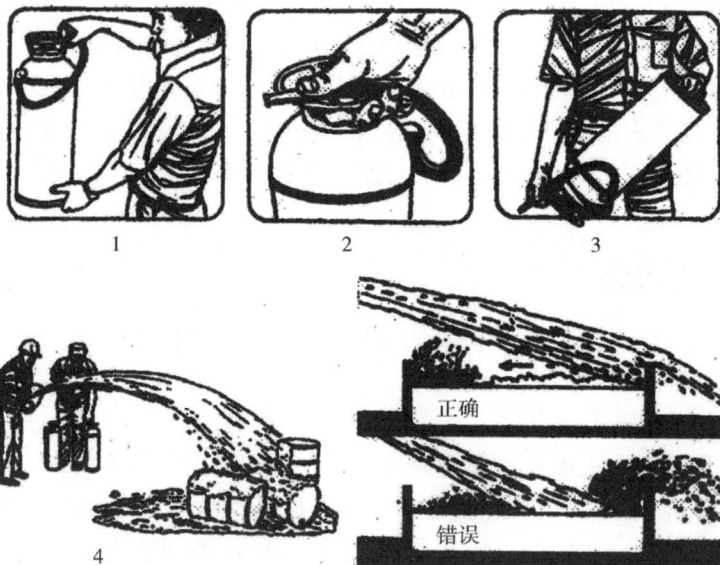

图 5-1-4　化学泡沫灭火器的使用方法

（4）注意事项：奔赴现场灭火时，筒身不宜过度倾斜，以免酸、碱两种药液自行混合；喷射泡沫时，筒盖和筒底不可对着人体，以防万一喷嘴堵塞而发生意外的爆裂伤人事故。

（5）维护保养要求：

● 泡沫灭火器存放地点的环境温度应为 $-8 \sim 45\,℃$。如果低于 $-8\,℃$，容易使灭火器内产生冰冻而失去作用；如果超过 $45\,℃$，会使筒内碳酸氢钠分解出二氧化碳而失效。

● 喷嘴应经常保持畅通，筒盖内的滤网应每年清洗一次。

● 灭火器内的药剂应每年更换，在换药前，发现筒身锈蚀应进行液压试验。

● 泡沫灭火器应存放在干燥、阴凉、通风并取用方便之处，不可靠近高温或可能受到暴晒的地方，以防碳酸分解而失效；冬季要采取防冻措施，以防冻结；还应经常擦除灰尘，疏通喷嘴以使之保持通畅。

2.水成膜（轻水）泡沫灭火器

（1）结构：手提式水成膜（轻水）泡沫灭火器由灭火器钢瓶、瓶盖、驱动钢瓶、喷射系统和开启机构组成。它将轻水泡沫灭火剂（即水成膜泡沫灭火剂）与压缩气体（氮气或压缩空气）同贮于灭火器筒体内，灭火剂由压缩气体的压力驱动而喷射出灭火。它具有灭火速度快、灭火效率高、操作方便、可间隙喷射、抗复燃性能强、有效期长等特点，如图5-1-5所示。

图 5-1-5　水成膜泡沫灭火器

（2）使用方法：将灭火器竖直提至火场，拉出保险插销；压下释放手柄，打开驱动气瓶瓶头阀，驱动气体推动水成膜泡沫灭火剂由虹吸管压出。水成膜泡沫灭火器应对准火焰喷射，尽可能站在上风处施放。

（3）维护保养：每月应进行检查；存放环境温度为 $0 \sim 40\,℃$；施放完毕后应尽快填充药液；应定期检查灭火器，当驱动气体重量减少10%时，应及时补充。

三、干粉灭火器

1.结构

手提式干粉灭火器（如图5-1-6所示）根据驱动气瓶的安装位置可分为内装式和外装式两种。除此之外，还有贮压式干粉灭火器（无驱动气瓶）。

图 5-1-6　手提式干粉灭火器

内装式干粉灭火器是由筒体、筒盖、贮气钢瓶、喷射系统和开启机构等部件构成的。

外装式干粉灭火器与内装式的不同之处在于二氧化碳驱动钢瓶采用的是阀芯式密封,使用时提起提环,压下压块,由压块把密封芯杆顶下,密封阀芯就会开启,释放出二氧化碳。

贮压式干粉灭火器是由筒体、筒盖、喷射系统和开启机构等部件组成的,如图 5-1-7 所示。贮压式干粉灭火器的结构简单,由于压缩氮气与干粉共贮于灭火器筒体内,所以没有贮气瓶和出气管。但为了显示压力,应在筒盖上增加一块压力表。它经常处于加压状态,因此对灭火器的密封性能和耐压强度提出了更高的要求。

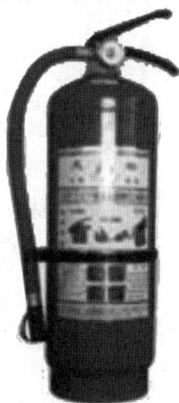

图 5-1-7　手提贮压式干粉灭火器

2.主要技术性能

船用干粉灭火器有 MF 型手提式、MFT 型推车式两种类型。MF 型手提式干粉灭火器的装粉量为 2~8 kg,喷射距离为 3~5 m,喷射时间为 11~20 s。MFT 型推车式干粉灭火器的装粉量为 35~70 kg,喷射距离为 10~13 m,喷射时间为 20~50 s。

3.使用方法

(1)将灭火器竖直提至火场,上下颠倒几次,拉出保险插销。

(2)尽可能站在上风,压下释放手柄,打开驱气瓶瓶头阀,驱动气体推动干粉由虹吸管喷出。

(3)使用干粉灭火器扑救可燃固体火灾时,应从火焰侧面对准火焰根部,水平左右扫射,由近而远快速向前推进,直至把火焰全部扑灭为止。

（4）扑救可燃液体火灾时,也应从侧面对准火焰根部左右扫射,且快速向前推进,直到将火全部扑灭。

（5）扑救容器内火灾时,应注意不要把喷嘴直接对准液面喷射,以免干粉气流的冲击力使油液飞溅,引起火势扩大,对灭火造成困难。

4.维护保养要求

（1）干粉灭火器应放置于方便取用和通风、阴凉、干燥的地方,以防筒体受潮腐蚀。

（2）避免曝晒和强辐射热,以防驱动气体气瓶由于气体受热膨胀、压力升高而发生漏气。

（3）各连接件要拧紧,不得松动,喷嘴胶塞要堵好,不得脱落,以保证密封良好。

（4）每年抽查干粉一次,防止干粉受潮结块,并将二氧化碳钢瓶称重一次,检查其漏损率。如发现干粉结块或气瓶内气量不足,应重新更换干粉灭火剂或充气,以防急需使用时失效。

（5）干粉灭火器在保管、运输和使用过程中,严禁撞击和剧烈震动。

🔊 要 点

手提式灭火器是指在驱动压力的作用下,将所充装的灭火剂喷出来以达到扑救火灾的目的。其特点是:可方便地由人力移动,并且结构简单、轻便灵活。它主要用于扑救初起的小范围的火灾。在船舶起居处所、服务处所、机器处所、火灾控制站内、厨房和每一易燃物料储藏室,都配备有足够数量的手提式灭火器。每位船员都必须掌握各种手提式灭火器的结构、灭火性能、操作使用方法及日常维护保养要求。

📟 思考题

1.简述各种手提式灭火器的构造及主要技术性能。

2.简述各种手提式灭火器的使用方法及注意事项。

3.简述如何对各种手提式灭火器进行维护保养。

✪ 练习题

一、选择题

1.使用手提式二氧化碳灭火器灭火时,它的射程一般是（　　　）。

A.3~4 m

B.4~5 m

C.2~3 m

2.使用二氧化碳灭火器灭火时,应喷向火的（　　　）部位。

A.周围

B.上部

C.根部

3.按要求（　　　）应对手提式二氧化碳灭火器进行称重。

A.每季度

B.每月

C.每年

4.钢瓶内二氧化碳减少(　　　)时,应重新灌装。

A.10%

B.15%

C.20%

5.手提式化学泡沫灭火器(一般为10 L)的射程一般为8~10 m,喷射持续时间约为(　　　)。

A.20 s

B.40 s

C.60 s

6.放置化学泡沫灭火器的环境温度是(　　　)。

A.0~40 ℃

B.−5~40 ℃

C.−8~45 ℃

7.MP 型手提式泡沫灭火器发泡倍数为(　　　)倍。

A.8

B.9

C.10

8.水成膜泡沫灭火器应对准火焰喷射,尽可能站在(　　　)处施放。

A.上风

B.下风

C.顶风

9.船用 MF 型手提式干粉灭火器的喷射时间为(　　　)s。

A.10~20

B.11~20

C.12~20

10.使用干粉灭火器灭火时,尽可能站在(　　　),压下释放手柄,打开驱气瓶瓶头阀,驱动气体推动干粉由虹吸管喷出。

A.上风

B.下风

C.顶风

11.使用干粉灭火器扑救可燃液体火灾时,应从侧面对准火焰(　　　)左右扫射,且快速向前推进,直到将火全部扑灭。

A.周围

B.上部

C.根部

12.手提式干粉灭火器应(　　　)抽查干粉一次,防止干粉受潮结块,并将二氧化碳钢瓶称重一次,检查其漏损率。

A.每5年

B.每3年

C.每年

二、判断题

1.干粉灭火器应将各连接件拧紧,不得松动,喷嘴胶塞要堵好,不得脱落,以保证密封良好。(   )

2.手提式二氧化碳灭火器由钢瓶、瓶头阀和喷射系统组成。(   )

3.水成膜(轻水)泡沫灭火器的使用方法是将灭火器倒置提至火场,拉出保险插销;压下释放手柄,打开驱动气瓶瓶头阀,驱动气体推动水成膜泡沫灭火剂由虹吸管压出。(   )

4.水成膜(轻水)泡沫灭火器施放完毕后应尽快填充药液。(   )

5.手提式干粉灭火器根据驱动气瓶的安装位置可分为内装式和外装式两种。(   )

6.干粉灭火器包括内装式、外装式和贮压式。(   )

7.贮压式干粉灭火器是由筒体、筒盖、贮气钢瓶、喷射系统和开启机构等部件组成的。(   )

8.内装式干粉灭火器是由筒体、筒盖、喷射系统和开启机构等部件组成的。(   )

9.手提式水成膜(轻水)泡沫灭火器将轻水泡沫灭火剂(即水成膜泡沫灭火剂)与压缩气体(氮气或压缩空气)同贮于灭火器筒体内,灭火剂由压缩气体的压力驱动而喷射出灭火。(   )

10.干粉灭火器应避免暴晒和强辐射热,以防驱动气体气瓶由于气体受热膨胀、压力升高而发生漏气。(   )

11.手提式水成膜(轻水)泡沫灭火器由灭火器钢瓶、瓶盖、驱动钢瓶、喷射系统和开启机构组成。(   )

12.干粉灭火器在保管、运输和使用过程中,严禁撞击和剧烈震动。(   )

13.手提式二氧化碳灭火器的射程一般是4~5 m。(   )

14.在使用二氧化碳和干粉灭火器时,喷口离火越近越好。(   )

15.手提式二氧化碳气瓶应每年称重,发现减少总量的1/10时,应及时补充并做好记录。(   )

任务二 移动式灭火设备

必备知识

移动式灭火设备主要包括便携式泡沫发生器和推车式灭火器。便携式泡沫发生器主要用来扑救A类机器处所、客货船、油船甲板舱室以及钻井平台甲板等处的油品火灾。

推车式灭火器又称为非便携式灭火器,通常包括泡沫、二氧化碳和干粉推车式灭火器。

一、便携式泡沫发生器

1.组成:便携式泡沫发生器由下列部件组成:自导型或与一个独立导入器相连的泡沫喷嘴(叉管),能够经消防水带与消防总管相连,并带有一个装有至少 20 L 浓缩泡沫的便携式储罐,以及至少一个带有同等容量浓缩泡沫的备用储罐。如图 5-2-1 所示为手提式泡沫灭火装置,图 5-2-2 为移动式泡沫灭火装置。当有一定压力的消防水通过该装置的混合器时,混合器内会形成负压,泡沫液在负压作用下被吸入混合器。在混合器内泡沫液与水混合,在进入泡沫管枪时扩散雾化,同时吸入大量空气而形成泡沫,从泡沫管枪喷出。

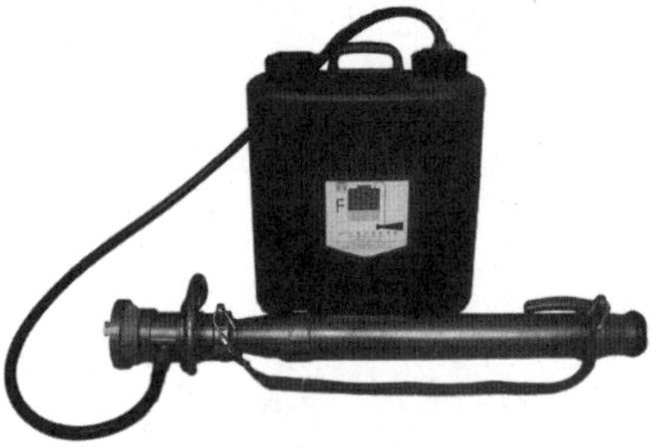

图 5-2-1 手提式泡沫灭火装置    图 5-2-2 移动式泡沫灭火装置

2.技术性能:泡沫喷嘴(叉管)及导入器须能产生适合于扑灭油类火的有效泡沫,在正常消防总管压力下,泡沫溶液的流量至少为 200 L/min。

3.使用方法:灭火人员应手持泡沫喷枪,并处于失火部位的上风位置,调整灭火距离,使泡沫平稳地覆盖在着火油面或者物体上。

4.注意事项:

(1)该装置应按照要求配备有足够的泡沫液。

(2)对油类火灾,不可直接将泡沫射向油面,这样会扩大火灾,而应对准着火后的舱壁或火场中物体的垂直面等喷射,使泡沫均匀流下覆盖液面。

(3)喷射时如有风,则应使泡沫向顺风方向喷射,避免侧风喷射。

二、推车式灭火器

1.推车式泡沫灭火器

推车式泡沫灭火器有推车式空气泡沫灭火器和推车式化学泡沫灭火器。

(1)推车式空气泡沫灭火器:该灭火器筒身内装空气泡沫溶液,驱动气瓶悬挂于灭火器外。驱动气瓶和灭火器之间由高压气管连接,如图 5-2-3 所示。推车式泡沫灭火器通常配备于船舶的机舱内。一般推车式泡沫灭火器在船上有两种规格:45 L 和130 L。45 L 推车式泡沫灭火器配备于船舶主机附近,而 130 L 推车式泡沫灭火器配备于船舶锅炉附近。

图 5-2-3 推车式空气泡沫灭火器结构示意图

1—蛋白泡沫;2—泡沫喷枪和转环;3—喷射软管;4—螺帽环和制动轮;

5—二氧化碳阀;6—二氧化碳高压管;7—二氧化碳钢瓶

（2）推车式化学泡沫灭火器：现代船舶上通常配备有推车式空气泡沫灭火器，但一些老龄船舶上还配备有推车式化学泡沫灭火器。该灭火器筒身内装碱性溶液，瓶胆内装酸性溶液。瓶胆悬挂于筒身内。胆塞在手轮丝杆的作用下封住瓶口。筒盖上有安全阀，可防止筒身因超压而发生爆炸，如图 5-2-4 所示。推车式化学泡沫灭火器的射程为 16 m 左右，喷射时间约为 170 s。使用方法：将该灭火器推到火场，一个人释放喷射管，手握喷枪对准火源；另一个人逆时针旋转手轮，开启胆塞，然后放倒筒身，摇晃几次，使拖杆触地，打开施放网，将泡沫喷射在燃烧面上。

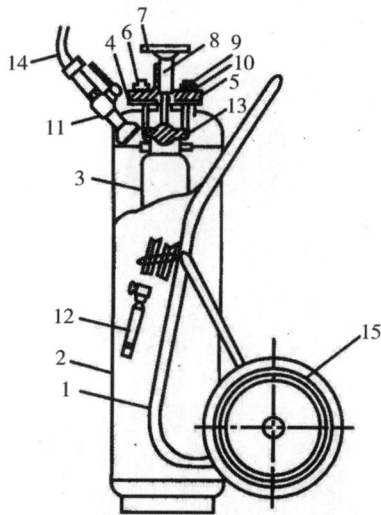

图 5-2-4 推车式化学泡沫灭火器结构示意图

1—车架;2—外筒;3—内筒;4—密封垫筒;5—筒盖;6—安全阀;7—手轮;8—螺杆;9—螺母;

10—垫圈;11—阀门手柄;12—喷枪;13—密封盖;14—喷射软管;15—车轮

推车式泡沫灭火器容量一般为 65~100 L,喷射距离为 15~18 m,能持续喷射170~175 s,发泡倍数和 30 min 内的泡沫消失量与手提式灭火器相同。如图 5-2-5 所示为 MPT65 型推车式泡沫灭火器。

图 5-2-5   MPT65 型推车式泡沫灭火器

2.推车式干粉灭火器

推车式干粉灭火器主要设置在 A 类机器处所和滚装船装货处所,由筒体、筒盖、驱动气瓶、转移系统、喷射系统和开启机构等组成,如图 5-2-6 所示。驱动气瓶有两种设置形式:内装式和外置式。内装式的结构紧凑,美观大方。外置式的检查、修理和维护方便。一般船舶上配备的推车式干粉灭火器有两种规格:23 kg 和 40 kg。这两种规格分别相当于 45 L 和 130 L 的推车式泡沫灭火器。所以有的船上分别用以上两种干粉灭火器来替代泡沫灭火器,配备于船舶主机和锅炉附近。

图 5-2-6   推车式干粉灭火器

使用方法:将灭火器迅速拉(推)到火场,在离起火点大约 10 m 处停下。将灭火器放稳,拔出开启机构上的保险销,迅速打开二氧化碳钢瓶。取下喷枪,迅速展开喷射软管,然后一只手握住喷枪枪管,另一只手钩动扳机,将喷嘴对准火焰根部,喷射干粉。推车式干粉灭火器最好由两人配合使用。

3.推车式二氧化碳灭火器

推车式二氧化碳灭火器如图 5-2-7 所示。这种灭火器使用灵活、可靠,且灭火后不留痕迹,适用于扑救醇、油类等可燃液体和电气设备等的初起火灾。其结构与手提式二氧化碳灭火器基本相同,主要不同点在于:多了一个固定和运送灭火器的推车;开启机构采用手轮式。一般船舶上配备的推车式二氧化碳灭火器有两种规格:16 kg 和 23 kg。这两种规格相当于 45 L 和 130 L 的推车式泡沫灭火器。所以有的船上分别用以上两种二氧化碳灭火器来替代泡沫灭火器,配备于船舶主机和锅炉附近。

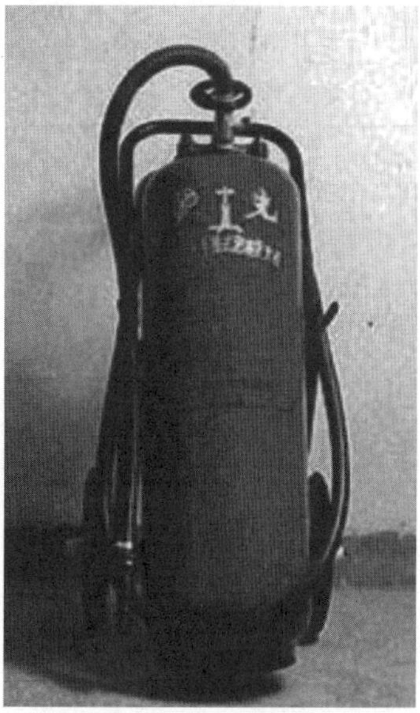

图 5-2-7　推车式二氧化碳灭火器

使用方法:首先把灭火器拉(推)到火场,在距起火点大约 10 m 处停下。迅速卸下安全帽,逆时针方向旋转手轮,把手轮开到最大位置。迅速取下喇叭喷筒,展开喷射软管后,双手紧握喷筒根部的手柄,把喇叭喷筒对准火焰进行喷射。推车式二氧化碳灭火器使用时,一般应由两人配合操作。

🔊 要　点

移动式灭火设备主要包括移动式泡沫灭火装置和推车式灭火器。移动式灭火设备的作用与手提式灭火器相同,都是用于扑救初起的火灾,灭火性能、灭火方法和灭火注意事项也是相同的,两者的区别主要是容量的不同。

思考题

1.简述移动式泡沫灭火装置的使用方法及注意事项。

2.简述各种推车式灭火器的结构及使用方法。

★ 练习题

一、选择题

1.推车式化学泡沫灭火器的喷射时间约为( )s。

A.170

B.180

C.190

2.推车式化学泡沫灭火器的射程为( )m 左右。

A.14

B.15

C.16

3.推车式干粉灭火器的喷射距离为( )m。

A.3～5

B.5～8

C.10～13

4.推车式泡沫灭火器的容量一般为( )L。

A.45～100

B.65～100

C.85～100

5.推车式泡沫灭火器的喷射距离为( )m。

A.10～13

B.13～15

C.15～18

6.推车式泡沫灭火器能持续喷射( )s。

A.170～175

B.170～180

C.170～185

7.推车式泡沫灭火器的发泡倍数和( )min 内的泡沫消失量与手提式灭火器相同。

A.10

B.20

C.30

8.推车式干粉灭火器最好由( )人配合使用。

A.两

B.三

C.四

9.一般船舶上配备的推车式二氧化碳灭火器有两种规格,分别是( )。

A.10 kg 和 20 kg

B.15 kg 和 30 kg

C.16 kg 和 23 kg

10.推车式二氧化碳灭火器使用时一般由两人操作,首先把灭火器拉(推)到火场附近,在距起火点大约(　　)m 处停下。

A.5

B.10

C.15

11.便携式泡沫发生器在正常消防总管压力下,泡沫溶液的流量至少为(　　)L/min。

A.100

B.200

C.300

12.使用便携式泡沫发生器灭火时,应使泡沫向(　　)方向喷射。

A.顺风

B.逆风

C.侧风

13.灭火人员应手持泡沫喷枪,并处于失火部位的(　　)位置,调整灭火距离,使泡沫平稳地覆盖在着火油面或者物体上。

A.上风

B.下风

C.顶风

二、判断题

1.便携式泡沫发生器的使用方法是将连接药桶和泡沫枪的软管连接好,将水龙带一端接在消防栓上,另一端接在泡沫枪上,顺时针打开消防栓。(　　)

2.对油类火灾,不可直接将泡沫射向油面,这样会扩大火灾。(　　)

3.便携式泡沫发生器灭油类火灾时,应对准着火后的舱壁或火场中物体的垂直面等喷射,使泡沫均匀流下覆盖液面。(　　)

4.推车式泡沫灭火器通常配备于船舶的机舱内。(　　)

5.现代船舶上通常配备有推车式化学泡沫灭火器,但一些老龄船舶上还配备有推车式空气泡沫灭火器。(　　)

6.推车式二氧化碳灭火器使用灵活、可靠,且灭火后不留痕迹,适用于扑救醇、油类等可燃液体和电气设备等的初起火灾。(　　)

7.便携式泡沫发生器由自导型或与一个独立导入器相连的泡沫喷嘴(叉管)、一个装有至少 20 L 浓缩泡沫的便携式储罐以及至少一个带有同等容量浓缩泡沫的备用储罐组成。(　　)

8.船舶上使用的推车式泡沫灭火器一般有两种规格:45 L 和 130 L。45 L 的配备于船舶主机附近,而 130 L 的配备于船舶锅炉附近。(　　)

9.当有一定压力的消防水通过便携式泡沫发生器装置的混合器时,混合器内会形成负压,泡沫液在负压作用下被吸入混合器。(　　)

任务三　消防员装备

必备知识

根据公约或规范的要求,每艘船舶应至少配备2套消防员装备,且不能存放在同一地点,以便于船员穿戴后进入火场探火或救助火场中的人员,或执行救火任务时使用。消防员装备包括消防员防护服、消防胶靴和手套、消防头盔、太平斧、安全灯、呼吸器和耐火救生绳等,如图5-3-1所示。

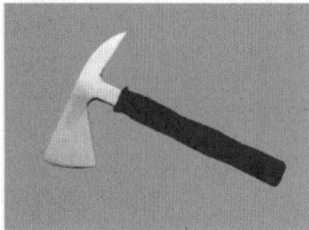

太平斧
Fire Axe

消防头盔
Fire Helmet

消防胶靴
Fire Rubber Boots

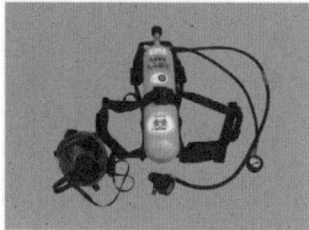

便携式防爆灯
Portable Explosion Proof Light

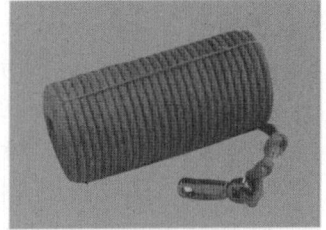

自给式正压空气呼吸器
Self-contained Positive
Pressure Air Breathing Apparatus

消防员防护服
Fire Fighter's Protective Suit

耐火救生绳
Fire-proof Lifeline

图 5-3-1　消防员装备

一、消防员防护服

消防员防护服的材料应能保护消防员的皮肤不受火焰和燃烧的热辐射,并且不受蒸汽的烫伤。消防员防护服的外表应能防火和防水。船用消防员防护服一般使用消防员隔热服。

消防员隔热服由上衣、裤子、手套、头罩和盖脚组成。它采用纤维织物与镀铝薄膜复合材料制作而成,不含石棉。其优点是:重量轻、强度高、阻燃、耐高温、抗热辐射、耐磨、耐折以及对人体无毒害等,能够有效地保障消防员和高温作业人员不被烈焰或高温灼伤。

二、消防胶靴和手套

消防胶靴和手套由橡胶或其他电绝缘材料制成。

三、消防头盔

消防头盔由帽壳、穿戴装置及附件(面罩、披肩)等组成。头盔应坚固结实,能经受住撞击,可有效保护使用者的头、面部,使其免受强力冲击,避免尖锐物、热辐射、火焰或者静电的伤害,在消防员灭火时用于保护消防员头、颈部的安全。戴消防头盔时一定要注意将其长帽檐置于头、颈后方,以便较好地保护后颈。

四、太平斧

太平斧是能够提供高压绝缘保护的带柄斧头,其手柄应设有绝缘层。

五、安全灯

一盏认可型的安全电灯(手提灯),其照明时间至少应为 3 h。在液货船上使用的和拟用于危险区域的安全灯应为防爆型。

六、呼吸器

呼吸器应为瓶内空气储存量至少为 1 200 L 的自给式压缩空气呼吸器,或可供使用至少 30 min 的其他自给式呼吸器。呼吸器的所有气瓶都应能够互换使用。

储压式空气呼吸器由高压空气瓶、面罩及调节阀、低压警报器等组成,作用是供给使用者新鲜空气。这种呼吸器一般在火场只能持续供气 30 min。

目前船舶广泛使用的是正压式空气呼吸器。如图 5-3-2 所示为 RHZKF6.8/30 型正压式空气呼吸器。

图 5-3-2　RHZKF6.8/30 型正压式空气呼吸器

七、耐火救生绳

每一呼吸器都应配有一根长度至少为 30 m 的耐火救生绳。其主要作用表现在两个方面:显示通道和联络工具。耐火救生绳应能够用卡钩系在探火员(或消防员)呼吸器的背带上,以便与接应人员进行联络,或者系在一条单独的系带上,用于在火场营救遇险被困人员,以防在使用耐火救生绳时呼吸器脱开。当用于联络时,一般按事先约定的进、停以及撤退或要求援助等信号拉绳示意。

📢 要　点

船舶上配备消防员装备用于消防员的呼吸保护,穿戴消防员装备的消防员可以安全、顺利地接近火场救助伤员和探察火源及进行灭火行动等。

📚 思考题

1.消防员的个人装备有哪些?
2.对船用空气呼吸器有哪些要求?

⭐ 练习题

一、选择题

1.消防员装备不包括(　　　)。

A.消防员防护服

B.呼吸器

C.消防水枪

2.太平斧是能够提供高压绝缘保护的带柄斧头,其(　　　)处应设有绝缘层。

A.手柄

B.斧头

C.斧头和手柄连接处

3.消防胶靴和手套由(　　)材料制成。

A.橡胶或其他电绝缘

B.棉线

C.塑料

4.根据公约或规范的要求,每艘船舶应至少配备(　　)套消防员装备。

A.1

B.2

C.3

5.储压式空气呼吸器能持续供气(　　)。

A.30 min

B.60 min

C.15 min

二、判断题

1.耐火救生绳应能够用卡钩系在探火员(或消防员)呼吸器的背带上,以便与接应人员进行联络,或者系在一条单独的系带上,用于在火场营救遇险被困人员,以防在使用耐火救生绳时呼吸器脱开。(　　)

2.消防安全灯照明时间不得少于3 h。(　　)

3.消防头盔主要保护消防员头部不受火焰烫伤,但它经受不了撞击。(　　)

4.消防员防护服主要保护消防员躯体及四肢不受火焰、蒸汽烫伤。(　　)

5.消防员装备包括消防员防护服、消防胶靴和手套、消防头盔、安全灯、太平斧及呼吸器等。(　　)

6.太平斧是能够提供高压绝缘保护的带柄斧头,其手柄应设有绝缘层。(　　)

7.消防员装备在穿戴时一定要注意将其长帽檐置于头、颈前方,以便较好地保护前颈。(　　)

8.消防员隔热服的优点是:重量轻、强度高、阻燃、耐高温、抗热辐射、耐磨、耐折以及对人体无毒害等,能够有效地保障消防员和高温作业人员不被烈焰或高温灼伤。(　　)

9.根据公约或规范的要求,每艘船舶应至少配备2套消防员装备。(　　)

10.消防员装备中的每一呼吸器都应配有一根长度至少为10 m的耐火救生绳。(　　)

任务四　消防用品

必备知识

一、消防水带

消防水带是消防用的很长的管状织物,应由认可的不腐蚀材料制成,如图5-4-1所示。最常用的材料是内衬橡胶并涂有聚氯乙烯的合成纤维织物。这种水带很坚实，不受油类、大部分化学品、霉腐以及酷暑、严寒天气的影响。每条消防水带应配有一支水枪和必要的接头，水带长度至少为 10 m，但用于机器处所的不得超过 15 m；用于其他处所和开敞甲板的不得超过 20 m；用于最大型宽超过 30 m 船舶的开敞甲板的不得超过 25 m。消防水带的直径一般为 50 mm 和 65 mm，有时也使用直径为 80 mm 的。

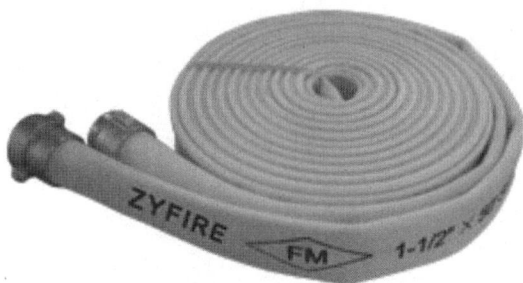

图 5-4-1　消防水带

配备要求：对于客船，每一个所要求的消防栓都应至少备有 1 条消防水带，载客超过 36 人的客船的内部处所，消防水带应一直保持与消防栓相连接。对于超过 1 000 总吨的货船，所需要的消防水带数目应为每 30 m 船长配备 1 条，1 条备用，但总数不得少于 5 条。此数目并不包括机炉舱所需要的水带。对于不超过 1 000 总吨的货船，应备有不少于 3 条的消防水带。

二、消防水枪

消防水枪由铝合金和铜材料制成，是消防员在灭火时使用的主要器材，它可以把水带内的水流通过不同的结构转化成水枪的高速射流的不同流态，并把这种射流（直流或雾状射流）喷射到火场的物体上，以达到灭火、冷却或保护的目的。消防水枪有直流、喷雾及两用水枪三种，分别如图 5-4-2、图 5-4-3 和图 5-4-4 所示。消防水枪的标准口径有 12 mm、16 mm 和 19 mm 等。起居舱室一般配备口径为 12 mm 的消防水枪。船舶配备的消防水枪应为经认可的设有关闭装置的两用水枪。在用水灭火时，应在消防栓打开之前就把消防水带铺好、消防水枪接好。两用水枪既可喷射充实水流，又可喷射雾状水流。

图 5-4-2　直流水枪　　图 5-4-3　喷雾水枪　　图 5-4-4　两用水枪

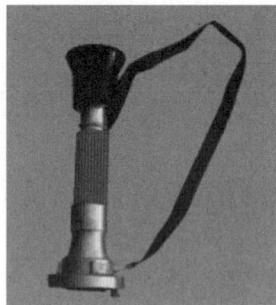

三、消防水桶

消防水桶一般是手提水桶,俗称太平桶。它采用镀锌铁皮制成,其外壳涂以红漆,并用白漆标出编号,按规定固定存放于驾驶室附近或者露天甲板的木座上,如图5-4-5所示。它的作用是浇灭初起火灾。

图 5-4-5　消防水桶

四、消防毯

消防毯是用耐火材料制成或经过防燃浸渍处理的专用毯,一般用石棉制成,也可是用其他耐火材料浸渍过的毯子,如图5-4-6所示。其规格多为 1.2 m×2 m。它平时放在专用的箱子里,着火刚开始时,可用消防毯盖住火源,使火源与空气隔绝,以达到窒息灭火的目的。另外,用帆布制成的毯子或毛毯也可临时用作消防毯,但使用时必须先用水浸湿。

图 5-4-6　消防毯

五、太平斧、消防钩、铁铤

太平斧有两种规格,其中,大型太平斧主要用于断缆或者破拆。小型太平斧是消防员随身携带的装备之一,主要用于破拆或者支撑。作为腰斧的太平斧,其斧柄上套有绝缘胶套,具有防滑、绝缘的作用。

铁铤和消防钩(如图5-4-7所示)也都是破拆工具。

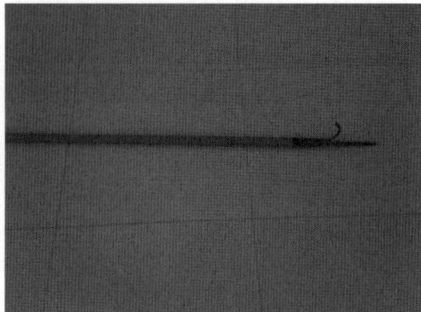

图 5-4-7　消防钩

六、沙桶和沙箱

沙桶和沙箱是贮存消防沙(黄沙)的木箱或金属箱,如图 5-4-8 所示。沙箱的容量不应小于 0.03 m³。黄沙必须干燥,应每三个月检查一次。使用时将其覆盖燃烧物体表面,隔绝氧气并吸收一部分热量,从而使火熄灭。

图 5-4-8　黄沙箱

七、国际通岸接头

国际通岸接头作为船与船或船与岸连接的公共接头,是一种大小转换接头,用钢材或其他等效材料制成并设计成能承受 1 N/mm²的工作压力,如图 5-4-9 所示。其大头为国际统一规格;小头为永久附连于船上消防栓或消防水带的对接口。500 总吨及以上的船舶应设有至少一个符合要求的国际通岸接头,并应备有使此种接头能用于船舶任何一舷的设施,以便能够从岸上或他船向本船消防总管供水。

图 5-4-9　国际通岸接头

国际通岸接头法兰的标准尺寸应符合表 5-4-1 的要求。

表 5-4-1　国际通岸接头法兰标准尺寸

名称	尺寸
外径	178 mm
内径	64 mm
螺栓圈直径	132 mm
法兰槽口	直径为 19 mm 的螺栓孔 4 个,等距离分布在上述直径的螺栓圈上,开槽口至法兰盘的外缘
法兰厚度	至少为 14.5 mm
螺栓和螺母	4 副,每只直径 16 mm,长度 50 mm

八、测爆仪

测爆仪也称为可燃气体检测仪,是检测可燃性气体和蒸汽的仪器,如图 5-4-10 所示。它按采样方式不同可分为扩散式和泵吸式两种;按仪器的监测原理不同可分为催化燃烧式、热导式以及红外线吸收式等。测爆仪能够快速检测危险气体浓度是否低于爆炸下限或者可燃气体体积百分比,适用于数百种可燃性气体和蒸汽。

图 5-4-10　测爆仪

九、紧急逃生呼吸器

SOLAS 公约要求自 2002 年 7 月 1 日起,所有的公约适用船舶都须配备紧急逃生呼吸器(EEBD)。紧急逃生呼吸器是仅在逃离有毒气体舱室时使用的空气或氧气供应装置,应为认可型。它可保护船员从火灾发生处的危险环境中逃生,但不得用于灭火、进入缺氧隔离空舱或舱室,或由消防员穿戴。它具有以下特点:体积小、重量轻、操作简单、使用方便,可手提、肩挎或挂在颈部,适合各类人员使用。

紧急逃生呼吸器由储气瓶、瓶头阀、头罩或全脸面罩和挎袋组成,如图 5-4-11 所示。头罩和全脸面罩由耐火材料制成,并包括一个清晰的视窗。储气瓶的储气量大于 400 L,

容积为 2.2~3 L, 额定工作压力为 21 MPa, 供气量大于 35 L/min, 应至少能够供应使用者不少于 10 min 的使用时间。

紧急逃生呼吸器的配备数量因船旗国的要求不同而会有所不同。通常, 远洋货船的机器处所按处所值班人数配备, 每人一具, 但不得少于两具; 起居处所内至少配备两具; 另外, 船上还应备有一具专门用于培训。

紧急逃生呼吸器应存放在便于取用之处, 每月检查瓶头阀上的压力示值, 若气瓶内的压力低于额定工作压力的 95%, 应进行检查或充气; 气瓶应每三年检验一次, 检验合格后方可继续使用。

图 5-4-11　紧急逃生呼吸器

十、防毒面具

防毒面具(gas mask)是个人特种劳动保护用品, 戴在头上, 保护人的呼吸器官、眼睛和面部, 防止毒气、粉尘、细菌、有毒有害气体等有毒物质伤害的个人防护器材。防毒面具从造型上可以分为全面具和半面具, 全面具又分为正压式和负压式。

按防护原理, 它可分为过滤式防毒面具和隔绝式防毒面具, 如图 5-4-12 所示。

过滤式由面罩和滤毒罐(或过滤元件)组成。面罩包括罩体、眼窗、通话器、呼吸活门和头带(或头盔)等部件。滤毒罐用以净化有毒气体, 内装滤毒层和吸附剂, 也可将这 2 种材料混合制成过滤板, 装配成过滤元件。较轻的(200 g 左右)滤毒罐或过滤元件可直接连在面罩上, 较重的滤毒罐通过导气管与面罩连接。

隔绝式由面具本身提供氧气, 分为贮气式、贮氧式和化学生氧式 3 种。隔绝式面具主要在高浓度染毒空气(体积浓度大于 1%)中, 或在缺氧的高空、水下或密闭舱室等特殊场合使用。

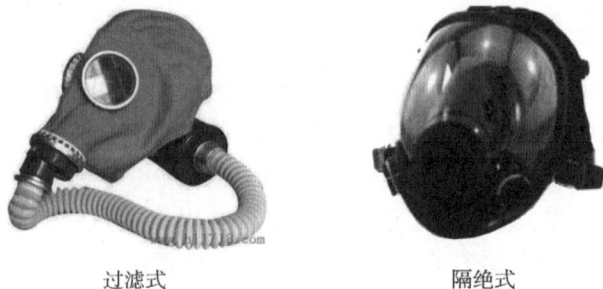

过滤式　　　　　　　　隔绝式

图 5-4-12　防毒面具

使用注意事项：

1.应该正确地选择防毒面具,选对型号,确定毒气种类、现场空气中毒物的浓度、空气中氧气含量和温度。应该特别留意防护面具的滤毒罐所规定的范围以及时间。在氧气浓度低于19%时,禁止使用负压式防毒面具。

2.在使用防毒面具之前,应该对其进行认真的检查,查看各部位是否完整、有无异常情况发生、其连接部分是否接好、整个面具的气密性是否良好。

3.对于在工作中要使用到防毒面具的劳动者,要进行专门的培训,以便他们能够正确地使用防毒面具。在使用防毒面具时,应该选择合适的面罩,要保持防毒面具里面气流的畅通。在有毒的环境中要迅速戴好防毒面具。

4.当防毒面具出现使用故障时,应该采用下面的应急措施,并且应该马上离开有毒的区域。

5.在每次使用前必须进行气密性试验,并检查各配件是否有老化痕迹、各关键配件是否完整;每次使用完毕后及时清洁保养;记录累计使用时长;及时更换滤毒盒、滤棉。

思考题

1.船舶配备消防水带有何要求?

2.消防水枪有哪些种类?

3.试述国际通岸接头的尺寸。

4.试述船舶紧急逃生呼吸器的组成和配备要求。

练习题

一、选择题

1.对于客船,每一个所要求的消防栓都应至少备有(　　　)条消防水带。

A.1

B.2

C.3

2.船舶使用的每条消防水带都应配有一支水枪和必要的接头,用于最大型宽超过30 m船舶的开敞甲板的不得超过(　　　)m。

A.20

B.15

C.25

3.消防水带是消防用的很长的管状织物,应由认可的(　　　)材料制成。

A.不腐蚀

B.不潮湿

C.不导电

4.消防水桶用(　　　)漆标出编号,按规定固定存放于驾驶室附近或者露天甲板的木座上。

A.白

B.红

C.黄

5.消防毯是用耐火材料制成或经过防燃浸渍处理的专用毯,一般用(　　　)制成。

A.镀铝薄布

B.纯棉

C.石棉

6.过滤式防毒面具只能在空气中有毒气体浓度(　　　)的情况下使用。

A.<1%

B.<2%

C.<3%

7.国际通岸接头,每船至少备(　　　)个,适用于(　　　)。

A.一个;左舷

B.二个;右舷

C.一个;左、右舷均可

8.国际通岸接头平时应(　　　)。

A.接在管子上

B.存放在指定位置

C.存放在物料间内

9.大型太平斧主要用于(　　　)。

A.断缆或支撑

B.破拆或支撑

C.断缆或破拆

10.紧急逃生呼吸器应存放在便于取用之处,(　　　)检查瓶头阀上的压力示值。

A.每周

B.每月

C.每季

二、判断题

1.测爆仪是检测可燃性气体和蒸汽的仪器。(　　　)

2.消防水带最常用的材料是内衬橡胶并涂有聚氯乙烯的合成纤维织物。(　　　)

3.在船舶机舱和生活区内配备有一定数量的 EEBD。(　　　)

4.国际通岸接头主要起接驳作用,它的大接头尺寸全世界都统一。(　　　)

5.用毛毯也能替代消防毯,但使用时必须先用水浸湿。(　　　)

6.为了防止面部皮肤过敏,高级的防毒面具的材质已由普通橡胶改为优质硅胶,抗老化、防过敏、耐用、易清洗。(　　　)

7.过滤式防毒面具由面具本身提供氧气,分为贮气式、贮氧式和化学生氧式 3 种。(　　　)

8.作为腰斧的太平斧,其斧柄上套有绝缘胶套,具有防滑、绝缘的作用。(　　　)

9.使用黄沙灭火时将其覆盖燃烧物体表面,隔绝氧气并吸收一部分热量,从而使火熄灭。(　　　)

10.测爆仪能够快速检测危险气体浓度是否低于爆炸下限或者可燃气体体积百分比。(　　　)

项目六
船舶灭火系统

必备知识

　　火灾探测及报警系统是船舶的一个十分重要的安全系统,它用于尽早探测到起火源处初起的火灾,并发出安全撤离和采取灭火行动的警报,通过报警呼唤人员及时进行扑救,以最大限度地减小火灾损失。该系统的功能可通过安装固定式探火和失火报警系统、手动报警按钮和采取消防巡逻(客船)等措施来实现。

　　客船的起居处所以及服务处所均应设置失火自动报警器。另外,在国际航行的货船或专业船上,或者装有爆炸品、易燃品的舱室及其相邻装货舱室内也应设置失火自动报警器。

一、自动探火和报警装置

　　自动探火和报警装置主要由两大部分组成:探测器和报警器。如需要,该系统还可担负其他辅助功能,如自动关闭防火门窗、自动切断通风机等。

　　1.探测器

　　探测器用来探测火灾的存在,并将探测到的火灾信号(火灾产生的热量、烟气或光谱信号)转换为电信号,再通过电气线路传输给报警器。探测器的类型有很多,按其敏感元件的反应原理不同,一般可分为感温、感烟、感光等几类。

　　(1)感温探测器

　　一个用于探测极度不正常的高温或温升率的设施。感温探测器(如图 6-1-1 所示)可分为三种:定温式,如图 6-1-2 所示;差温式(也称温度速升式);差定温式(联合式),如图 6-1-3 所示。此类探测器能探测到火灾发生时所产生的热量(热空气)信号,并把热量信号转换为直流低压电信号。

图 6-1-1　感温探测器　　　图 6-1-2　定温式探测器　　　图 6-1-3　差定温式探测器

定温式——动作温度一般设定为 57 ℃、70 ℃ 和 87 ℃。

差温式——随单位时间温升速率的突然变化而动作。

差定温式——上述定温式和差温式的组合。

感温探测器具有工作可靠、不易发生误报的优点,当辐射热达到一定能量时探测器才会动作。它的缺点是探测到火灾比较晚,灵敏度不高。相对而言,差温式灵敏度要高一点。

当温度以每分钟不超过 1 ℃ 的速率升高时,感温探测器在温度超过 78 ℃ 之前动作。升温率更大时,感温探测器应在主管机关认为满意的温度极限内动作。另外,安装在干燥室和通常温度较高的类似处所的感温探测器的动作温度可以达到 130 ℃,在桑拿房可达到 140 ℃。

（2）感烟探测器

感烟探测器主要通过感应悬浮微粒和烟气来探知火灾的发生。常用的感烟探测器有两种类型:离子感烟式(如图 6-1-4 所示)和光电感烟式(如图 6-1-5 所示)。

图 6-1-4　离子感烟式探测器　　　　　图 6-1-5　光电感烟式探测器

离子感烟式——应用放射性元素镅 241 的作用。

光电感烟式——应用光电管原理。

感烟探测器用于探测火灾的初级阶段和发烟阶段,其优点是能够比较早地探知火灾的发生,灵敏度高。其缺点是容易发生误报,而且对环境条件的要求较高,一般其探头必须设在室内。离子感烟式可用于探测火灾的初级阶段,由于其预报最早,所以在居住区目前使用离子感烟式的较多。

在船舶上,所有梯道、走廊和起居处所内的脱险通道要求的感烟探测器,在烟密度超过每米减光率 12.5% 之前动作,但在烟密度超过每米减光率 2% 之前不应动作。安装在其他处所的感烟探测器应在主管机关认为满意的温度极限内动作。

（3）感光探测器

感光探测器如图 6-1-6 所示。现阶段在平台上较常用的是紫外线、红外线探测器，它们仅能感应频率较低的火光中的紫外线和红外线，而不能感应阳光中的紫外线和红外线。它能探测到火灾发生时由火灾产生的红外线或者紫外线或辐射的信号，并能够把这些信号转换成直流低压电信号。

图 6-1-6　感光探测器

红外线式——发生火灾时红外线作用。

紫外线式——发生火灾时紫外线作用。

感温探测一般用于车床间、锅炉间、焚烧炉间、集控室等相对封闭的高温处所；感烟探测用于起居处所和服务处所的走廊、舵机间、应急消防泵间、机舱等处；感光探测用于机舱主机缸头上方，用于主机明火的探测。

2.报警器

报警器是自动探火及报警系统的一个重要组成部分，是系统中探测器的指示与控制设备。其功能是对探测器感应传输过来的火灾电信号做出及时反应，自动接通报警器，以声、光形式发出报警，呼唤人员，并显示火灾发生的具体部位。另处，对系统操作所必须的电源和电路在断电或故障时，报警器也应发出不同于失火信号的声、光故障报警。在货船上，报警器一般安装在驾驶室。

二、火灾报警器具

1.火灾报警工具

船舶均应按规定设有一定种类和数量的火灾报警工具，例如，警钟、汽笛、警铃和报警器等。一般报警工具常设置在驾驶室或其附近，值班人员收到火警报告后，可以利用这些工具向全船发出消防应变信号。

2.手动失火报警器

手动失火报警器由手动报警按钮通过电路与驾驶台或火警控制站相连。它分布在船员和旅客的起居处所、控制站以及机器处所等人员易于到达的地点。

手动报警按钮（见图 6-1-7）应安装在有人出入的通道、走廊、公共处所、驾驶室以及机舱内的通道出口。每一层甲板走廊内的手动报警按钮应该是便于到达的，并且走廊内的任何部位与其距离均不能超过 20 m。具体安装时应尽可能靠近应急照明，距离甲板的高度应为 1.4 m。按钮应安装在铁盒里,外面由玻璃片将弹簧压紧,使两金属片离开而断电,避免任意触动而造成误报警。当发现某一舱室或区域失火时,只需及时地将附近的手动报警器按钮铁盒的玻璃片击碎,弹簧便会松开,使得两金属片接触通电,电铃随即发出声响而报警。同时,驾驶台或火警控制站面板上相应的指示灯也会发光,显示火灾的发生地点。

图 6-1-7　手动报警按钮

三、固定式探火和失火报警系统

在客、货船的起居处所、服务处所和控制站等处所,A 类机器服务场所应设置固定式探火和失火报警系统。如图 6-1-8 所示为船舶探火与失火报警系统。

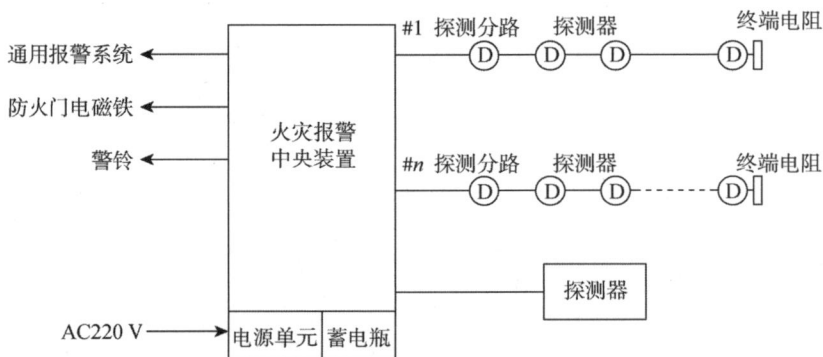

图 6-1-8　船舶探火与失火报警系统

固定式探火和失火报警系统由控制和指示设备组成。其功能是对受保护处所内已经动作的探测器做出反应,自动接通报警,并显示出已经动作的探测器所处的位置。组成部分包括控制单元、电源单元、继电器箱、探头、呼叫点和复示器。

1.控制单元用于声响和视觉报警。

2.电源单元包括 AC 220 V 的主电源和 DC 24 V 的备用电源。

3.继电器箱用于传送全船报警。

4.探头分为感烟、感温、感光三种。

5.呼叫点用于手动报警。

6.复示器用于显示火警和故障警报。

四、货舱取样探烟及报警系统

船舶的货舱在装卸完货物后,一般要关上舱盖,货舱也就构成一个独立的密闭舱室,且较少人员到达,因此,多采用抽烟式探火系统,如图6-1-9所示。

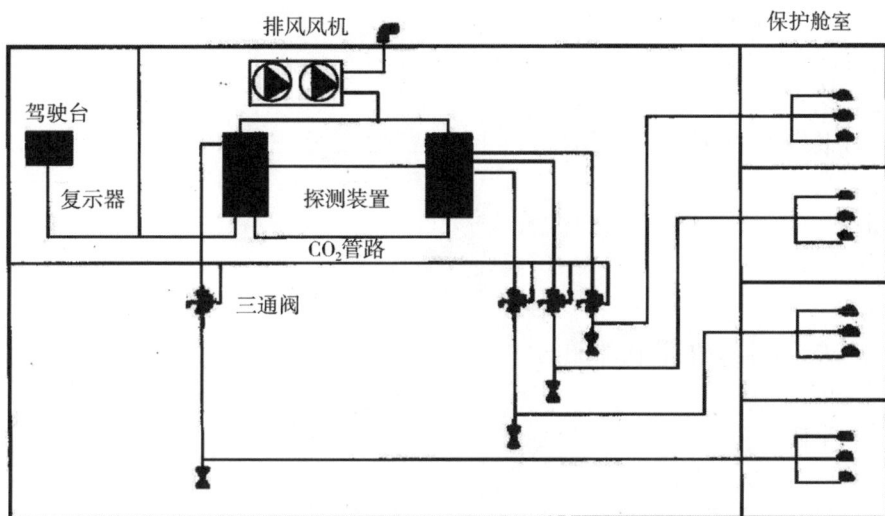

图6-1-9 抽烟式探火系统

抽烟式探火系统主要由以下几个部分组成:

1.取样风机及取样管道:用以将各货舱的空气抽送至感烟探测器。取样风机应装有2套,以便交替使用或备用1套。

2.烟探测器:从抽风管道抽吸的货舱的空气被送往探测器进行烟雾感测,烟密度超过每米减光率6.65%之前感烟元件动作,发出火灾信号。

3.火灾显示和警报设备:将烟探测器接收的火灾警报进行声、光显示,发出火灾警报,呼唤人员注意。

🔊 要 点

为了保证生命安全和保护财产,船舶上安装了船舶火灾探测及报警系统。船舶火灾探测及报警系统用于尽早发现初起的火灾,通过报警呼唤人员及时进行扑救,以最大限度地减小火灾损失。该系统还可以担负其他辅助功能,例如,自动关闭门窗、自动切断通风机和带动自动灭火器组等。

船舶火灾探测及报警系统主要分为固定式探火和失火报警系统、火灾报警器具、抽烟式探火系统等。

📚 思考题

1.船舶上有哪些火灾报警器具?

2.自动探火及报警装置包括哪些?

3.探测器可分为哪几类?

4.货舱取样探烟及报警系统的要求有哪些?

✵ 练习题

一、选择题

1.感温探测器可分为(　　　)。

A.定温式、差温式

B.定温式、差定温式

C.定温式、差温式、差定温式

2.手动报警按钮具体安装时应尽可能靠近应急照明,距离甲板的高度应为(　　　)m。

A.1.0

B.1.2

C.1.4

3.感烟式探测器应安装在船舶的(　　　)。

A.厨房内

B.烘衣室内

C.货舱内

4.感温探测器主要探测火灾区域的(　　　)而报警。

A.火光

B.烟雾

C.温度

5.自动探火报警系统主要由(　　　)组成。

A.探测器、报警器

B.报警器、灭火器组

C.探测器、灭火管路

6.船舶的货舱在装卸完货物后,一般要关上舱盖,货舱也就构成一个独立的密闭舱室,且较少人员到达,多采用(　　　)探火及报警系统。

A.抽雾式

B.固定式

C.抽烟式

7.如图所示为(　　　)。

A.手动报警按钮

B.自动报警按钮

C.手动报警器

8.报警器的功能是对探测器感应传输过来的火灾电信号做出及时反应,自动接通报警器,以(　　　)形式发出报警,呼唤人员,并显示火灾发生的具体部位。

A.声

B.光

C.声、光

9.(　　)探测用于机舱主机缸头上方,用于主机明火的探测。

A.感烟

B.感光

C.感温

10.(　　)探测用于起居处所和服务处所的走廊、舵机间、应急消防泵间、机舱等处。

A.感烟

B.感光

C.感温

11.(　　)探测一般用于车床间、锅炉间、焚烧炉间、集控室等相对封闭的高温处所。

A.感烟

B.感光

C.感温

12.感光探测器能探测到火灾发生时由火灾产生的红外线或者紫外线或辐射的信号,并能够把这些信号转换成(　　)电信号。

A.直流低压

B.直流高压

C.交流低压

二、判断题

1.感烟式探测器一般安装在厨房、人员居住舱室里。(　　)

2.探测器用来探测火灾的存在,并将探测到的火灾信号转换为电信号,再通过电气线路传输给报警器。(　　)

3.在有人出入的通道、走廊、公共处所、驾驶台以及机舱内的通道出口,都应安装手动失火报警按钮。(　　)

4.感烟式探测器是靠燃烧时温度和烟雾来进行报警的。(　　)

5.定温式与差温式感温探测器组合在一起就是差定温式感温探测器。(　　)

6.感温式探测器主要探测燃烧时产生的高温和烟雾而报警。(　　)

7.由于船舶安装了自动探火报警系统,船员就可不需巡视了。(　　)

8.船舶安装自动探火报警系统是为了早发现火灾、早报警、早扑救,减少火灾损失。(　　)

9.固定式探火和失火报警系统的电源单元包括 AC 220 V 的主电源和 DC 24 V 的备用电源。(　　)

10.常见的船舶火灾自动报警器主要有感温式和感烟式两种。(　　)

任务二 固定灭火系统

必备知识

船舶固定灭火系统主要有水灭火系统,自动喷水器、探火和失火报警系统,泡沫灭火系统,二氧化碳灭火系统,化学干粉灭火系统,惰性气体系统等。

一、水灭火系统

水灭火系统是船舶消防系统的主要组成部分,由消防泵、消防总管、消防栓、应急消防泵、消防水带、消防水枪和国际通岸接头等组成。它是所有类型船舶都应配备的固定灭火系统。

1.消防泵

船舶所配备的消防泵(如图 6-2-1 所示)根据船舶的类型不同也会有所不同:对于 4 000 总吨及以上的客船,至少应配备 3 台独立消防泵;对于 4 000 总吨以下的客船和货船,至少应配备 2 台独立消防泵。船舶上的卫生泵、压载泵、舱底泵或者通用泵只要不用来抽输油类,均可作为消防泵。每一消防泵的排量不得小于 25 m^3/h,至少应能维持 2 股所需水柱。

图 6-2-1 消防泵

2.消防总管

消防总管和消防水管的直径应足够有效地从两个同时工作的消防泵传输所需的最大出水量,但货船的消防总管的直径仅需满足每小时排送 140 m^3 的水量。消防总管和消防栓的位置应便于连接消防水带。消防总管和消防栓的布置应防止冻结的可能性。消防总管应设有适当的排水设施。

3.消防栓

消防栓(如图 6-2-2 所示)的数目和位置至少应能将两股不是由同一消防栓发出的水柱射至船舶在航行时旅客或者船员经常到达的任何部位、任何货物处所空舱时的任何部分、任何滚装处所或任何车辆处所,其中一股应仅用一根消防水带。在可能装运甲板货物的船上,消防栓的位置应随时易于接近。各消防水带接头与各水枪应能完全互换使用,否则船上每一消防栓应备有一条消防水带和一支水枪。

图 6-2-2　消防栓

4.应急消防泵

船用应急消防泵如图 6-2-3 所示,为固定式独立动力驱动的泵。它主要用于船舶应急消防,即任何一个舱室失火可能导致所有消防泵失去作用时向消防总管提供消防水。该泵组具有重量轻、体积小、启动迅速、出水时间快、燃油箱容量大、耐腐蚀,且使用可靠、维护方便等优点。应急消防泵有两种驱动方式,即电驱动和柴油机驱动。配备有应急发电机的现代化大型船舶通常采用的驱动方式是电驱动。由柴油机驱动的应急消防泵,在允许使用蓄电池的场合,该机组可安装并使用蓄电池启动装置。燃油供应柜所盛装的燃油应能使泵在全负荷下至少运行 3 h,同时在 A 类机器处所外应储备足够数量的燃油,能使该泵在全负荷下再运行 15 h。应急消防泵正常工作时能维持两股所需的水柱。泵的排量应不低于船舶所要求的消防泵总排量的 40%,而且在任何情况下不低于下列排量:

● 小于 1 000 总吨的客船和 2 000 总吨及以上的货船:25 m^3/h。
● 小于 2 000 总吨的货船:15 m^3/h。

图 6-2-3　船用应急消防泵

为了保证应急消防泵的可靠性,使相关人员能熟练掌握其启动程序,应每月检查试验应急消防泵。

(1)柴油机驱动的应急消防泵

作为应急消防泵驱动力的柴油机应在温度降至 0 ℃时的冷态下能用人工手摇曲柄随时启动。如不能做到,或可能遇到更低温,则应设置经主管机关认可的加热装置,以确保能随时启动。如果人工启动不可行,主管机关可允许采用其他启动装置。这些启动装置应能在 30 min 内至少使柴油机驱动的动力源启动 6 次,并保证在前 10 min 内至少启动 2 次。其使用方法如下。

①准备:操作前,应先检查油箱中的油量、清洁程度以及润滑油量是否合适,同时还要确保水泵的各个阀门处于正常位置。

②启动。

③引水:

a.引水前逆时针转动出水阀手轮至适当位置(当引水困难时要关闭此阀)。

b.打开引水阀门。

c.打开海水吸入阀门。

d.稍加油门。

e.当引水喷出时,立即将引水阀门关闭,开大出水阀,水即喷出。

④停机:

a.需要停机时,首先将调速油门关到最小。

b.按下控制盒上的停机按钮,直到停机后再放手。

c.关闭油箱开关,以免漏油。

(2)电驱动的应急消防泵

电驱动的消防泵可在甲板上的消防控制站和机舱内的应急消防泵间启动。两处的启动方法相同。

①启动应急消防泵

a.按住"吸水口开"(SUCTION VALVE OPEN)按钮,等到它的绿灯亮后再及时松开,同时"吸水口关"(SUCTION VALVE CLOSE)按钮的绿灯熄灭。

b.按住"运行"(RUN)按钮后松开,它的绿灯亮,则应急消防泵已成功启动。

②停止应急消防泵

a.按住"关"(STOP)按钮后松开,"RUN"按钮的绿灯熄灭,则应急消防泵停止。

b.按住"SUCTION VALVE CLOSE"按钮后松开,它的绿灯变亮,同时"SUCTION VALVE OPEN"按钮的绿灯熄灭。

为了保证水灭火系统的可靠性,应定期对其进行检查,并经常进行维护保养。

(1)每半年全面检查一次,消防水带每三个月检查一次。

(2)在寒冷地区,消防水管和消防栓应进行防冻包扎,使用后应放尽管内的残水。

二、自动喷水器、探火和失火报警系统

为了延滞火灾在控制站、起居处所和服务处所包括梯道、走廊内的蔓延,并迅速控

制火灾,在这些处所内设置了自动喷水器、探火和失火报警系统。在喷水动作时,还会立即发出声、光警报,指示被保护的任一处所的火灾征兆及其位置。由于喷水器在动作的同时还会进行报警,所以,能够及时召集船员进行扑救,把火扑灭在可能发展蔓延到大火之前的早期阶段。

容积超过 500 m³ 以上的船舶机舱,应设立自动喷水系统。该系统具有自动报警功能,并确保随时工作。

自动喷水器、探火和失火报警系统由下列各部分组成。

1.喷水器水泵:应装有一台专供喷水器自动连续喷水的独立动力泵。该泵在压力柜内常备淡水完全排干之前,由于系统压力的降低而应自动开始工作。泵的排量和管系应能对在最高位置的喷水器保持所需要的压力,以确保其能以不少于 5 L/(m^2·min) 的出水量连续喷水,足以同时覆盖至少 280 m^2 的最小面积,即泵的最小排量应为 84 t/h。

2.压力柜:应装有容积至少等于规定充注水量 2 倍的压力柜,其储存的常备充注淡水量相当于上述水泵的一分钟排量,并应设有能保持柜内空气压力的装置,当柜内常备充注淡水被使用时,应能确保柜内的压力不低于喷水器的工作压力加上所测得的柜底至系统中最高位置的喷水器的水头压力。应装设在压力下补充空气和补充柜内淡水的适当设施、能显示柜内正确水位的玻璃水位表和防止海水进入柜内的设施。

3.喷水器:喷水器应能耐海上大气腐蚀。起居和服务处所内的喷水器应在 68~79 ℃ 的温度范围内开始动作,但如在干燥室等可能出现较高环境温度的处所内,喷水器的动作温度可增加至不超出舱室顶部最高温度 30 ℃。应在船上备有一定数量的各种型号和规格的备用喷头。

4.监控装置:声、光信号报警设施安装在客船上的驾驶室或消防控制站内,应能显示出火灾区域,而在货船上除驾驶室或消防控制站内能显示出发生火灾的分区之外,还应在轮机人员居住处所装有集中的声、光报警系统。此外,该警报系统应能指示系统中发生的任何故障。

5.试验阀和释压阀:每一喷水器分区应设有一只试验阀,用于放出相当于一只喷水器正常工作时的出水量来对自动报警装置进行试验。释压阀用于试验水泵的自动启动功能。

三、泡沫灭火系统

泡沫有化学泡沫和空气泡沫两种,由于化学泡沫不适用于管道长距离输送,船上的固定泡沫灭火系统均采用空气泡沫。低倍泡沫多用于油船的甲板泡沫灭火系统,而高倍泡沫则用于 A 类机器处所、货油(泵)舱、滚装船的特种装货处所等。泡沫灭火系统由泡沫液贮存罐、管路、泡沫液泵、截止阀和泡沫枪(炮)等组成。

1.甲板泡沫灭火系统

甲板泡沫灭火系统用于油船,尤其是 20 000 总吨以上的油船,必须装设这种灭火系统。该系统应能够在 5 min 内经固定释放口释放足量的泡沫,对燃油可能蔓延的最大单一区域产生有效泡沫覆盖。泡沫是由若干泡沫炮和泡沫管枪来喷放的。泡沫炮的喷射方位由两个手轮进行调节,射程取决于水压,但是,从泡沫炮到其前方所保护区域的最远距离不应大于该炮在平静空气中射程的75%。泡沫炮所屏护的区域应由泡沫管枪来进行灭火,还需要一定数量的水枪来冷却上层建筑,以防火势蔓延。

2.高倍数泡沫灭火系统

高倍数泡沫灭火系统由一个发生器将 $4\sim7$ kg/cm^2 压力的水源接入后,经混合器由缩口造成真空吸入泡沫溶剂,混合后经喷嘴将泡沫溶液喷至泡沫形成网,同时另一电动风机将空气经整流叶片均匀地吹向泡沫形成网,吹动喷在网上的泡沫溶液,从而产生大量泡沫。其泡沫直径大于 10 mm,壁厚 0.1 mm,膨胀率不超过 1 000 倍。

该系统通常布置在机舱和货油舱、滚装船的特种装货处所等。机器处所要求的固定式高倍泡沫灭火系统应能通过固定喷射口迅速喷出泡沫,其数量足以每分钟向被保护处所中的最大者至少注入 1 m 深的泡沫。储备发泡液应足够产生 5 倍于被保护的最大处所容积的泡沫。使用该系统时还应对施放舱室示警,以便人员撤离。

四、二氧化碳灭火系统

1.系统组成

二氧化碳灭火系统由气瓶组、启动装置和通往各舱室的分配阀与导管组成。

目前,国际上通用的是 68 L/45 kg 的二氧化碳钢瓶。钢瓶的二氧化碳充装率为0.67 kg/L。气瓶用管系连接成若干组,如图 6-2-4 所示,固定并存放于二氧化碳储存间内。船上配备二氧化碳瓶的数量应满足最大舱的灭火需要量。

图 6-2-4　二氧化碳储存间

二氧化碳钢瓶上装有气动/手动瓶头阀,可以实现远距离气动遥控释放,也可以在现场手动进行施放。瓶头阀内有密封膜片、闸刀、出气阀、安全阀和充气阀的内底管。各瓶头阀上的出气阀由支管通过止回阀接到总管上。总管通过分配阀箱上的控制阀,再由单独导管通至各保护舱室。

该系统的释放是借助启动气瓶来实现的。现场手动施放以手动拖索来拖动启动阀的闸刀,戳破启动气瓶瓶头阀的膜片,放出二氧化碳而推动活塞。再由活塞拖动气瓶组的拖索,把该组气瓶瓶头阀的膜片戳破,从而把二氧化碳放出。使用时应先打开通向需要灭火的舱室的控制阀和通往分配阀箱的主阀门,然后才可启动气瓶。

遥控释放箱由两只驱动气瓶、控制阀和微型开关组成。驱动气瓶内的压缩气体,作为启动二氧化碳钢瓶瓶头阀的气源。控制选择阀主要是对气动施放阀和瓶头阀进行控制顺序的选择。微型开关则主要完成报警及其他的辅助功能。时间延时是保证气动施放阀在二氧化碳钢瓶释放二氧化碳前打开。延迟时间一般为 30 s 和 60 s。

当瓶内压力超过 $190 \pm 10 \ kg/cm^2$ 时,瓶头阀上的安全膜片会发生破裂,瓶中的二氧化碳气体通过专设的管路导至二氧化碳站外,排放到大气中。

随着大型船舶的出现,当配备的二氧化碳数量超过 10 t 时,可采用低压二氧化碳灭火系统。低压二氧化碳灭火系统是在高压二氧化碳灭火系统原理的基础上研制而成的,是优于后者的灭火设施。低压二氧化碳灭火系统的优点是系统更加简单、安全、可靠。

2.存放与使用及维护保养注意事项

(1)二氧化碳灭火系统操作室应保持清洁及良好通风,要有可靠照明和通信设备。

(2)室温应保持在 0~45 ℃,室内不应存放其他物品,无关人员不得入内。

(3)气瓶要每 2 年检查称重一次,如发现灭火剂减少了总数的 1/10,应立即充加并做好记录。每 5 年对钢瓶做有无腐蚀和机械损伤的检查,并按标准做一次水压强度试验,性能合格时才能继续使用。管系则要每 3 年做畅通测试一次。

(4)使用二氧化碳灭火,尤其是扑救机舱、货舱等封闭舱室的火灾时,在施救前应发出声、光警报,在确认人员已全部撤离后方可施救。

(5)灭火后,人员进入现场前应进行彻底通风,以防发生人员窒息事故。二氧化碳有一定的渗透、环绕能力,可以到达一般直射不能到达的地方。但即使这样,仍然难以扑灭一些纤维物质内部的阴燃火。所以,在用二氧化碳进行货舱的封舱灭火后,不可过早地开启货舱进行检查,否则新鲜空气进入,有可能导致未彻底扑灭的火复燃。

(6)在使用二氧化碳灭火时,不能同时用水灭火,因为水能与二氧化碳化合成碳酸,降低其灭火性能。

五、化学干粉灭火系统

化学干粉灭火系统具有灭火效率高、速度快、无毒、不腐蚀、不导电、久储不变质等优点,一般用在液化气体船上。

化学干粉灭火系统主要由干粉罐、启动气瓶、控制箱、动力气罐、减压阀、导向阀、固定管路、喷粉枪或喷粉软管等组成,如图 6-2-5 所示。

一个独立的化学干粉灭火系统至少应配备有两个手持喷粉软管或一个手持喷粉软管和一个喷粉枪。

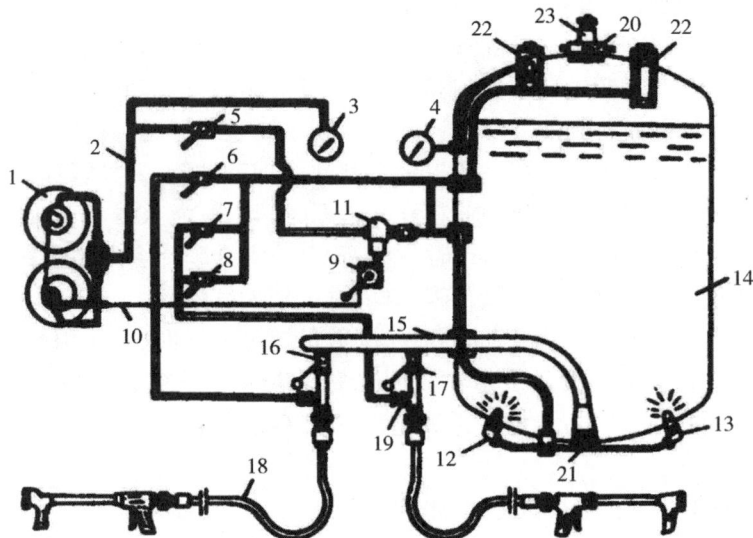

图 6-2-5　化学干粉灭火系统

1—具有速关阀的氮瓶;2—高压总管;3、4—压力表;5—干粉容器截止旋塞;
6、7—左、右干粉喷枪的冲放旋塞;8—干粉容器的溢流阀;9—总控阀;
10—释放阀;11—减压阀;12、13—冲放阀;14—干粉容器;15—虹吸管及干粉管;
16、17—左、右干粉喷枪截止旋塞;18—具有干粉喷枪的高压软管;
19—止回阀;20—充装口;21—放泄喷头;22—冲洗装置;23—安全阀

六、惰性气体系统

1.配备要求:原油储存不少于 20 000 t 或使用原油洗舱机的平台应设有惰性气体系统对原油舱进行保护。

2.功能要求:

(1)降低每一被保护舱柜内空气含氧量,使舱柜内空气达到不能支持燃烧的程度而被惰化。

(2)在营运中保持被保护舱柜内任何部分的空气含氧量(以体积计)不超过 8%,并处于正压状态。

(3)在正常作业中,新鲜空气不应进入被保护舱柜。

(4)驱除空油舱柜内的烃气,使在其后的除气过程中,舱柜内不致形成可燃气体。

3.惰性气体的来源:惰性气体可以是经处理的烟气或氮气或能达到等效安全标准的其他气体。烟气可以是燃烧装置排出的废气或专用设备产生的烟气。不准使用二氧化碳储存系统,以防止系统本身产生的静电引起气体爆炸。惰性气体系统至少应能以最大卸油率的 125% 的速率(以体积计)向被保护舱柜输送惰性气体。惰性气体总管中惰性气体的含氧量(以体积计)应不超过 5%。

4.设备布置要求:惰性气体发生器、洗涤塔、鼓风机、惰性气体调节阀应设在非危险区。惰性气体总管上的止回装置应设在危险区。

5.试验:惰性气体受压管路应在车间以 1.5 倍设计压力进行液压试验,装船后以 1.25 倍设计压力进行密封试验。惰性气体系统包括报警装置和安全装置在安装完工后,应在工作条件下进行试验。

🔊 要　点

船舶固定灭火系统是指设备安装在某一固定场所,然后用管系接到各舱室的灭火设备。常见的固定灭火系统有水灭火系统,自动喷水器、探火和失火报警系统,二氧化碳灭火系统,泡沫灭火系统,化学干粉灭火系统,惰性气体系统等。

📖 思考题

1.简述固定式水灭火系统的组成。

2.使用固定式水灭火系统需要注意哪些事项?

3.如何对固定式水灭火系统进行维护保养?

4.简述自动喷水系统的组成及原理。

5.简述自动喷水系统的控制及安装要求。

6.简述各种二氧化碳灭火系统的应用。

7.简述二氧化碳灭火系统的组成。

8.如何对二氧化碳灭火系统进行维护保养?

9.简述泡沫灭火系统的分类。

10.简述空气泡沫剂的分类。

11.简述化学干粉灭火系统的组成。

12.如何使用化学干粉灭火系统?

⭐ 练习题

一、选择题

1.船舶上的每一消防泵至少应能维持(　　)股所需水柱。

A.2

B.3

C.4

2.对于 4 000 总吨及以上的客船,至少应配备(　　)台独立消防泵。

A.2

B.3

C.4

3.惰性气体系统的功能要求为,降低每一被保护舱柜内空气含(　　)量,使舱柜内空气达到不能支持燃烧的程度而被惰化。

A.氧

B.氢

C.氮

4.船上固定泡沫灭火系统都采用(　　)。

A.化学泡沫

B.抗溶性泡沫

C.空气泡沫

5.高倍数泡沫灭火系统通常布置在(　　　)。

A.机舱和货油舱、滚装船装货处所

B.甲板

C.生活区

6.二氧化碳灭火系统钢瓶应每(　　　)进行一次水压检查以确保安全。

A.5 年

B.4 年

C.3 年

7.二氧化碳灭火系统适用于(　　　)灭火。

A.货舱、机舱、起居处所

B.货舱、机舱

C.船上凡是有可燃物的处所

8.容积超过(　　　)m^3 以上的船舶机舱,应设立自动喷水系统。

A.300

B.400

C.500

9.自动喷水器、探火和失火报警系统,应设有能保持柜内空气压力的装置,当柜内常备充注淡水被使用时,应能确保柜内的压力(　　　)喷水器的工作压力加上所测得的柜底至系统中最高位置的喷水器的水头压力。

A.不等于

B.不高于

C.不低于

10.干粉灭火系统一般用在(　　　)。

A.油船上

B.液化气体船上

C.客、货船上

二、判断题

1.航行在寒冷地区,消防水管内残水结冰,只需用火烤,不需进行防冻包扎。(　　　)

2.二氧化碳操作室应有可靠照明及通信设备,要保持清洁和良好通风,室温应为 0～45 ℃,不准放其他物品,无关人员不得入内。(　　　)

3.二氧化碳灭火系统在凡有可燃物的舱室都应安装。(　　　)

4.如用二氧化碳灭火系统灭火,须向舱室内示警,撤离人员,并关闭通风。(　　　)

5.干粉灭火系统一般用在液化气体船上。(　　　)

6.消防栓的数目和位置至少应能将两股不是由同一消防栓发出的水柱射至船舶在航行时旅客或者船员经常到达的任何部位、任何货物处所空舱时的任何部分、任何滚装

处所或任何车辆处所,其中一股应仅用一根消防水带。( )

7.泡沫有化学泡沫和空气泡沫两种,空气泡沫不适用于管道长距离输送。( )

8.在用二氧化碳进行货舱的封舱灭火后,不可过早地开启货舱进行检查,否则新鲜空气进入,有可能导致未彻底扑灭的火复燃。( )

9.惰性气体可以是经处理的烟气或氢气或能达到等效安全标准的其他气体。( )

10.水灭火系统是每一船舶必备的灭火系统。( )

项目七

船舶消防组织与应变部署

必备知识

一、船舶消防组织

在船舶的消防应变中,船长为总指挥,大副或者轮机长(机舱失火)任现场总指挥,其他船员组成下列三个队:

1.消防队:一般由三副或者水手长担任队长,直接负责火灾现场的灭火工作。下设消防水带组、灭火器组、固定灭火系统组及应急消防泵组等。

2.隔离队:一般由木匠或者三管轮担任队长,其任务是根据火情关闭门窗、舱口、风筒及孔洞,切断局部电路,移走火场附近的易燃易爆物品,以阻止火势蔓延。

3.救护队:由医生或厨师负责。其任务一是负责维持现场秩序;二是准备好担架,救护伤员,准备急救药箱等。如需要,由二副负责准备施放救生艇筏等工作。

另外,在驾驶台、机舱安排固定值守人员,在驾驶台为二副和水手;在机舱为大管轮和机工。

二、消防应变部署表

船舶消防应变部署表是船舶综合应变部署表的一部分,由三副具体负责应变部署表的编写和变更。在编写消防应变部署表时,应根据本船的人员和设备情况编制消防应变部署分工,以便全体船员在消防紧急情况下能够立即各就各位,有条不紊地投入灭火战斗。

编制应变部署表应根据各船员的职务、特长和能力,选派最适于承担该项工作的船员来担任,经船长审定后,分别公布于船员或者旅客经常到达的地方,例如,餐厅、驾驶台、机舱、通道和起居处所等处。同时还应将每个船员在应变时应到达的岗位、担任的职务以及应变信号等写在每位船员的"应变备忘卡"(俗称"床头卡")上,张贴在各人的房间内。另外,在该船员使用的救生衣上也应系一个同样的"应变备忘卡",以便船员能随时熟悉自己所担负的任务。当船员调动时,应将"应变备忘卡"列入交接事项中,在每次开航前三副应根据船员的调动情况对应变部署表做出调整和修订,经船长审核签字后重新公布。

1.消防应变信号

船舶上各种应变信号除由号笛施放外,还应补充以其他电动信号或警钟。所有这些信号均由驾驶台施放。我国统一规定的应变信号如下:

(1)救生(弃船及召集旅客)——七短一长声,连放汽笛 1 min。

(2)消防——乱钟或连放汽笛短声 1 min,后随失火部位信号。

船前部失火:乱钟或连放汽笛后一长声;

船中部失火:乱钟或连放汽笛后两长声;

船后部失火:乱钟或连放汽笛后三长声;

机舱失火:　乱钟或连放汽笛后四长声;

上甲板失火:乱钟或连放汽笛后五长声。

(3)船进水(堵漏应变)——两长一短声,连放汽笛 1 min。

(4)人员落水——三长声,后随落水部位信号,连放汽笛 1 min。

右舷人落水:三长一短声,连放汽笛 1 min;

左舷人落水:三长两短声,连放汽笛 1 min。

(5)溢油应变——一短两长一短声,连放汽笛 1 min。

(6)解除警报——鸣放汽笛一长声,或口头宣布。

(7)集合地点:船舶应根据本船的具体情况,确定船舶不同部位失火时船员的集合地点。集合地点应易于到达并有助于灭火行动的迅速展开。

2.消防应变职责

船舶消防应变是每个船员应尽的责任与义务。应变部署根据在船实有人数制定,按照船员的工作性质和个人技术职务,安排在紧急情况发生时的应急岗位和职责,与船员的日常工作紧密相连。例如,甲板部船员的职责主要是负责消防水和灭火器;轮机部船员的职责是负责给排水;客船客运人员负责维护旅客秩序、组织疏散等。全体船员的消防应变职责、岗位、任务及编号等应在应变部署表中写明并被公示。有关个人的上述内容在船员应变备忘卡中应予以写明。

三、船舶消防值班巡逻制度

载客超过 36 人的客船应建立和保持有效的巡逻制度,其他船舶应根据本船实际情况建立和保持有效的消防值班巡逻制度,以便迅速探知火灾的发生。每位消防值班巡逻员应熟悉船舶的布置以及可能需要由他使用的任何设备的位置和操作方法。应为每位消防值班巡逻员配备双向无线电对讲机。最好能根据本船的具体情况,建立本船巡逻检查记录表,要求值班巡逻员定期按表列各部位循环进行检查,并将检查结果记录在表格上。

消防值班巡逻制度的执行、值班员的责任感以及平时的训练对火灾的防范都极为重要。优良称职的值班巡逻员能够在早期就发现船上的火势,此时采取相应的正确措施,就可把初起火扑灭或有效控制住,使其不致扩大。

1.停泊时,在货船的甲板上一般由水手担任值班巡逻,守护上甲板及外部舱室。驾驶员负责巡视和监察内部舱室等工作,值班轮机员则负责机炉舱等部位的安全。

2.航行时,值班人员的数量显著增加,除客船之外,虽没有硬性规定要指派值班巡逻员,但仍应根据船上的实际情况,在必要时予以派遣。而在客船上,则必须由指定人员或防火员担任值班巡逻员。

3.值班人员在巡视全船时,必须认真负责,细致检查;只要发现可疑情况,就应立即做进一步的检查,以确定是否会发生危险。一旦发现火灾,值班人员就应立刻发出火灾信号,并立即着手灭火。所以,每一个值班人员都应该掌握一般消防器材的使用知识,并熟悉它们在船上的位置。要求每一艘船舶都应展示该船的消防控制图、应变信号和船员应变部署表,以利于应急所需。

4.修船时,因留船船员较少,外来人员较多,进行铆焊等热工作业极易引起火灾,且船上可能已经没有动力供给消防用水。在这种情况下,应加强巡视工作,加派巡逻员和看火员,必要时还可通知岸上派消防人员来船值班,以策安全。

四、船上消防培训和训练

船上消防培训的目的是通过对船上人员在紧急情况下按正确程序进行训练和演习的指导来减轻火灾的影响,使船员能够掌握应具备的处理火灾紧急情况(包括照顾乘客)的必要知识和技能。

1.一般要求

(1)对船员进行关于船上防火安全知识及其所承担职责的指导。

(2)建立负责灭火的小组。在船舶运营期间,小组成员应具备在任何时候都能完成其职责的能力。

2.船上消防培训的内容和演习

(1)培训船员熟悉船舶的布置和需要使用的灭火系统和设备的位置及操作要求。

(2)紧急逃生呼吸装置的使用训练。

(3)负责灭火的船员应通过开展船上消防培训和演习进行定期评估,以发现其需要加以提高的方面,从而保证其灭火技能方面的适任性,并确保灭火组织处于就绪状态。

(4)在不迟于船员上船两周内,对船员进行船舶灭火系统和设备的操作训练。

(5)货船上消防演习应每月举行一次,客船一般每周一次。举行应变演习的日期以及消防演习的细节等应记载于航海日志和相关文件内。

3.消防培训手册

应在每一船员餐厅和文娱室或在每一船员的住室提供用船舶的工作语言书写的消

防培训手册。消防培训手册应详细解释以下内容：

（1）有关烟气的危害、电气危险、易燃液体和船上类似常见危险的一般防火安全实践和预防手段。

（2）关于灭火行为和灭火程序的一般性知识，包括报告火灾及使用手动报警按钮的程序。

（3）船舶各种警报的含义。

（4）灭火系统及设备的操作和使用方法。

（5）防火门的操作和使用方法。

（6）挡火闸及挡烟闸的操作和使用方法。

（7）脱险通道系统及设备的操作和使用方法。

4.船员培训

在实施 ISM（国际船舶安全营运和防止污染管理规则）管理中，船上培训是必不可少的内容。新船员（包括从外单位新调入的人员）在正式上船到上岗操作前，应组织他们进行安全培训，向他们介绍有关安全规则的防火防爆知识，介绍船舶生产特点、重点舱室和部位。上特种船舶（油船、化学品船、液化气船等）的船员，还应组织他们学习基本的理化知识，学会使用一般灭火器材。船员被分配到船后，还应结合本船、本部门的特点对其进行船上及部门的安全教育。船公司和船舶及部门二级安全教育应经常进行并逐步深化，当船舶运输生产任务变化时，安全教育内容也应及时相应充实。

5.船上消防培训

消防培训分为一般灭火训练和编组灭火训练。

（1）一般灭火训练

课程由大副拟定，其内容包括：燃烧基本理论、船上火灾成因及预防、火的分类及主要灭火剂的性能、本船灭火器的设置位置及使用方法、灭火器的检查保养与责任分工、个人发现火警后的处置步骤、危险气体的警觉、基本急救技术等。

（2）编组灭火训练

该项训练的本质着重于灭火的组合行动，其要求如下：

各组集合部位及带至火场的灭火器材放置处所、火灾现场调查及报告方法、建立火灾警戒范围的方法、控制及扑救火灾之正确步骤、舱内搜索及救助方法、火区的电源及通风之切断步骤、火场清理方法、防止复燃步骤等。

以上一般灭火训练及编组灭火训练计划均由大副编制并报船长批准后实施，训练要讲究实效，防止形式化。

五、消防演习

船舶灭火是一项复杂的工作，事实证明，在船舶发生火灾时不遵照一定的程序组织灭火，很容易造成人员混乱、采取措施不力、贻误灭火时机，这就要求所有船员都要熟练掌握正确的灭火程序并加以严格训练。船舶消防演习的目的在于验证船舶应变预案和应变部署的可行性以及符合实际情况的程度。船上平时按应变部署定期举行消防演习，可以使船员完全了解和熟悉正确的灭火程序及其在应变时执行的任务，掌握实际技能,并且在思想上有充分准备,这样才能临危不惧,勇敢顽强地与火灾进行斗争。

1.船舶消防演习的内容

每次消防演习应至少包括以下几方面的内容:

(1)向各站报告并准备执行各自的职责。

(2)启动消防泵,至少使用2根消防水带,以示该系统处于正常工作状态。

(3)检查消防员装备和其他个人救助设备。

(4)检查演习区域内的防火门、水密门、挡火闸和通风系统的主要进、出口的可操作性。

(5)检查有关通信设备。

(6)检查为随后的弃船而做的必要准备。

(7)在演习中发现的任何错误和不足均应尽快予以纠正。

2.船舶消防演习的基本要求

(1)根据SOLAS公约有关规定,每位船员每月至少参加一次消防演习,所以货船应每月至少举行一次消防演习,但船员一次更换超过25%时应在离港后24 h内举行一次消防演习。客船一般每周一次,对国际航行(非短程)的客船,应在离开最后出发港后做一次这样的演习。这种演习既可以是单项的,也可以是综合的,例如,由消防转入救生,或由消防转入堵漏再转入救生等。

(2)演习时一定要从实际出发,不但要在白天进行演习,而且还要在夜间进行;不但要在停泊中进行演习,而且还要在航行中进行。定期演习是船员进行消防训练的有效方法,许多大的火灾事故都是由于发现火警时采取的行动错误,或措施不当而造成的。

(3)参与演习的人员应着装规范。每次演习都应假设火灾场所、火灾种类和火灾蔓延趋势。根据船舶种类,相应成立消防队、隔离队和救护队等,客船还应组成乘客疏散队。这些小组应具备在任何时候都能完成其职责的能力。

(4)船舶处于营运期间的消防演习应由船长任总指挥。机器处所的现场指挥由轮机长担任,其他处所的现场指挥则由大副担任。拖船船队的总指挥应由拖船船长担任,现场指挥则由拖船大副或被拖船舶负责人担任。

(5)船舶火警发出后,船员应按应变部署表携带规定的器材,在2 min内到达指定地点集合,听从现场指挥的命令,实施各自的行动。

(6)演习结束后应进行评估,并将演习的详细内容记录在航海日志中。

3.船舶消防演习的程序

(1)火灾发现者大声呼喊报警:某部位着火了,并立即报告驾驶台,同时取用就近的灭火器灭火。

(2)当班驾驶员接警后立即用汽笛或警铃发出相应火警警报,启动消防泵,做好相关记录。船长立即上驾驶台指挥全船的消防行动。警报发出后,用无线电通信设备及时向船公司、就近海事部门报告火灾情况,请求指导和必要的援助。

(3)听到警报后,除驾驶台和机舱固定人员外,其他所有船员应根据着火部位的不同按照应变部署表中的任务,戴好个人防护用品,携带灭火器材在2 min内奔赴指定集合地点,同时大声呼喊:某部位着火了。

(4)集合后,立即清点人数,现场指挥向船长报告人员集合情况,船长命令现场指挥根据火情迅速组织灭火。

（5）现场指挥接到命令后,立即查明火情,组织救人和灭火行动:命令消防队用灭火器灭火,消防水带组连接消防水带和消防水枪,消防泵组启动应急消防泵,探火人员穿着消防员装备准备救人和探火;命令隔离队采取防止火灾扩散的措施,如切断通风、电源,关闭有关防火门窗和开口等;命令救护队做好救治伤员的准备。

（6）模拟初始火灾扑救失败,现场指挥立即向船长报告,船长命令立即派探火员深入火场救人和探明火情,并做好启动大型固定灭火系统灭火的准备。探火员在水枪掩护下进入火场救人和探火。

（7）探火员救出受困人员后交由救护队处理,并向现场指挥报告火场情况。现场指挥向船长报告火情,请求启动大型固定灭火系统进行灭火。

（8）船长根据火情,命令现场指挥启动大型固定灭火系统进行灭火。现场指挥命令隔离队封闭失火处所,然后命令启动大型固定灭火系统灭火,同时命令消防水带组对失火场所周围进行防护,命令隔离队检查失火舱室密封、舱壁温度变化情况等。

（9）通过外部观察和等待一定的时间后,判断火已被扑灭。现场指挥将情况报告给船长后,命令探火员再次进入失火场所探火。

（10）探火员回来报告,火已被完全扑灭并无复燃可能,现场指挥将情况报告给船长,船长命令打开所有通风系统,清除失火场所烟气。通风一段时间后,探火员再次进入失火场所测氧测爆,测得现场含氧量正常,现场指挥迅速组织人员查明火灾原因,并报告船长。

（11）船长释放警报解除信号,宣布演习结束,清理现场,器材归位。

（12）演习结束后,驾驶员应在航海日志中详细记录整个演习过程,船长应立即集合全体船员进行讲评,总结演习中存在的问题,并提出整改意见。这些问题和意见也均应记入航海日志,并保证在下次消防演习中得到解决。

📢 要　点

船舶在营运过程中发生火灾,尽管扑救的难度比陆地大得多,但船舶在构造上已经采取了一些必要的防火措施,船上还配备有各种消防设备,货舱和机舱内还安装了固定灭火系统,只要船员掌握了它们的特性及正确使用方法,平时经常注意检查和维修,使其处于良好的状态,一旦失火,充分利用船舶的防火结构,合理发挥消防设备的作用,合理地进行消防组织,扑救得当,是可以依靠船舶自身的力量将火扑灭或有效控制,从而将火灾损失减少到最低程度的。

🔊 思考题

1.简述我国统一规定的应变信号。

2.船上消防应变的要求有哪些?

3.简述船上消防培训的内容及要求。

4.简述船上消防培训手册的内容。

5.简述船舶消防演习的内容及要求。

6.简述船舶消防演习的通用程序、任务和要求。

练习题

一、选择题

1.船舶消防组织中的消防队,一般由(　　)或者水手长担任队长。

A.大副

B.二副

C.三副

2.船舶消防组织中的隔离队,一般由木匠或者(　　)担任队长。

A.三管轮

B.二管轮

C.大管轮

3.货船上消防演习应(　　)举行一次。

A.每天

B.每周

C.每月

4.一阵乱钟后敲五响表示(　　)失火。

A.机舱

B.上甲板

C.船尾

5.火灾能否有效迅速扑救主要靠(　　)。

A.先进灭火设备

B.指挥者英明决策

C.指挥正确,船员责任感强和技能熟练

6.据我国有关规定,货船消防演习应每(　　)至少举行一次。

A.周

B.月

C.季度

7.客船一周举行消防演习一次,一般在离港后(　　)内进行。

A.12 h

B.24 h

C.48 h

8.船舶火警发出后,船员应按应变部署携带规定的器材,在(　　)内到达指定地点集合。

A.2 min

B.3 min

C.5 min

9.当你在巡视中发现火灾部位时应立即(　　)。

A.救火

B.报警

C.切断通风

10.船舶消防演习结束后,驾驶员应在航海日志中详细记录整个演习过程,(　　　)应立即集合全体船员进行讲评,总结演习中存在的问题,并提出整改意见。

A.船长

B.轮机长

C.大副

11.船舶上的一般灭火训练课程由(　　　)拟定。

A.船长

B.大副

C.轮机长

12.船舶处于营运期间的消防演习应由(　　　)任总指挥。

A.轮机长

B.大副

C.船长

13.船舶机器处所的现场指挥由(　　　)担任。

A.轮机长

B.大副

C.船长

14.船舶机器处所以外的其他处所的现场指挥由(　　　)担任。

A.轮机长

B.大副

C.船长

15.现场指挥要组织力量扑救火灾,同时要向(　　　)通报现场情况。

A.驾驶台

B.机舱

C.全体船员

16.船舶消防应变部署表由(　　　)具体负责编写和变更。

A.船长

B.大副

C.三副

17.船舶消防应变部署表是三副根据(　　　)编制的。

A.职务

B.爱好

C.文化程度

18.编制应急部署表时应主要考虑船员的(　　　)安排任务。

A.能力

B.爱好

C.职务

19.船上消防部署的分工原则是(　　　)。

A.按职务分工

B.按工龄分工

C.随意组合

20.应变任务卡应张贴在(　　　)。

A.驾驶台内

B.机舱内

C.船员房间内

二、判断题

1.应变部署表包含了消防、堵漏、人员落水、救生等应急措施,船员根据它的指令来履行自己的岗位职责和任务。(　　　)

2.救火警报发出后,船员应在 5 min 内迅速携带救火工具赶赴现场,2 min 内消防泵出水。(　　　)

3.为了能更有力地扑救装卸货时发生的火灾,消防演习通常要在船靠码头时进行。(　　　)

4.船舶消防组织中的隔离队,其任务是根据火情关闭门窗、舱口、风筒及孔洞,切断局部电路,移走火场附近的易燃易爆物品,以阻止火势蔓延。(　　　)

5.船舶上各种应变信号除由号笛施放外,还应补充以其他电动信号或警钟,所有的信号均由驾驶台操纵施放。(　　　)

6.按规定要求每一艘船舶都应展示该船的消防控制图、应变信号和船员应变部署表,以利于应急所需。(　　　)

7.船舶上的一般灭火训练课程内容不包括本船灭火器的设置位置及使用方法、灭火器的检查保养与责任分工、个人发现火警后的处置步骤、危险气体的警觉、基本急救技术等。(　　　)

8.船舶上每次消防演习都应检查演习区域内的防火门、水密门、挡火闸和通风系统的主要出口的可操作性。(　　　)

9.船舶消防演习时一定要从实际出发,不但要在白天进行演习,而且还要在夜间进行;不但要在停泊中进行演习,而且还要在航行中进行。(　　　)

10.船舶上警报发出后,应用无线电通信设备及时向船公司、就近海事部门报告火灾情况,请求指导和必要的援助。(　　　)

任务二　防火控制图

必备知识

船舶防火控制图是一张供永久展示全船各种消防设备及设施(以标识或符号表示)的总布置图,供高级船员参考。它集中反映了船舶消防、救生设备的安全技术性能,是保障船舶营运安全的重要性图纸。船舶防火控制图的主要内容有每层甲板的控制站、各级防火分隔围蔽的各防火区域、探火和失火报警系统、喷水装置、消防器材、各舱室和甲板出入通道等设施的细目，以及各通风系统的位置，其中包括风机、挡火闸、遥控关闭装置、应急通道，还有船舶所配备的各种救生设备及其位置等细节。或经主管机关同意，上述细节可编入一个小册子，每个高级船员人手一本，另有一本放于船上易于到达的地方，以便随时取用。防火控制图中常用的识别符号参见教材后的附录。

防火控制图或含有该图的小册子的一套复制品应永久置于甲板室外面有明显标志的防风雨的箱子中，如图7-2-1所示，用以帮助岸上的消防人员。

图 7-2-1　放置于舷梯甲板的防火控制图

控制图和小册子应不断更新，任何改动都应尽可能随时记录。此种控制图和小册子的说明文字应用主管机关所要求的语言书写，如果该语言既不是英文也不是法文，则应包括其中一种语言的译文。

📢 要　点

防火控制图能够提供船舶消防应急时船长和现场指挥所需要的全部船舶技术信息。这些信息有助于确定消防人员进出火场的路线，确定其所在位置、火场中可供消防人员使用的消防设备、通风控制等，还能够令指挥者迅速做出决策。防火控制图提供的信息对船舶三副进行全船安全设备检查和维护有指导作用。防火控制图上显示了船上所配备的全部消防、求生设备，按照防火控制图检查可以避免遗漏。防火控制图对船舶进厂修理安全设备也有指导作用，按照防火控制图对船舶的安全设备进行修理，可以保证船舶的入级标准，避免施工不当而降低船舶的技术标准。

📋 思考题

1.什么是船舶防火控制图？
2.船舶防火控制图的作用有哪些？
3.如何存放船舶防火控制图？

⭐ 练习题

一、选择题

1.远洋船舶的防火控制图，除中文外还应译成（　　　）。

A.俄文

B.英文

C.德文

2.防火控制图必须和船舶实际情况相一致,如有变动,应(　　)。

A.修船时再修改

B.停船时再修改

C.随时修改

3.防火控制图一张贴在船员生活区内,另两张永久性存放在(　　)。

A.驾驶台

B.机舱内

C.左右舷梯甲板

4.存放防火控制图的风雨密盒安装在(　　)。

A.上层甲板

B.艉楼所在甲板

C.舷梯所在甲板

5.船舶防火控制图供(　　)参考。

A.一般船员

B.高级船员

C.大副

6.船舶防火控制图是一张供(　　)展示全船各种消防设备及设施的总布置图。

A.1 年

B.10 年

C.永久

二、判断题

1.船上所有的消防设备、出入口、通道及通风控制都应明确、清晰地用各种颜色标明在防火控制图上。(　　)

2.防火控制图应该与船舶实际情况相一致,如有变动,可等修船时再修改。(　　)

3.所有船上应有一套防火控制图或具有该图的小册子的复制品,永久地置于甲板室外面有醒目标志的水密筒内,以有助于岸上消防人员。(　　)

4.喷水装置、消防器材、各舱室和甲板出入通道等设施的细目,属于船舶防火控制图的主要内容。(　　)

5.每层甲板的控制站,A、B级防火分隔围蔽的各防火区域,探火和失火报警系统等不属于船舶防火控制图的主要内容。(　　)

6.船舶防火控制图集中反映了船舶消防、救生设备的安全技术性能,是保障船舶营运安全的重要性图纸。(　　)

任务三　船舶脱险通道

必备知识

一、脱险通道

船舶脱险通道是指在发生紧急险情时,供人员脱险的通道,从而使船上人员能够安全迅速地从所在处所撤向救生艇和救生筏登乘甲板。它应满足以下几点功能要求:应提供安全的脱险通道;应保持安全状况,内无障碍物;应提供其他辅助逃生设施,确保其易于到达、标志(如图7-3-1、图7-3-2所示)清晰、设计能满足紧急情况需要。所有船员上船后应尽快熟悉本船的脱险通道,特别是起居和工作场所的脱险通道。

所有处所或处所群应至少提供两条尽量分开并随时可用的脱险通道,升降机不能视为脱险通道。控制站、起居处所和服务处所的脱险通道应布置有提供梯道和梯子到达救生艇和救生筏登乘甲板的脱险通道。脱险通道上的门一般应向逃生的方向开启。

图7-3-1　主脱险通道标志　　　　图7-3-2　副脱险通道标志

二、火场逃生要领

在船舶发生火灾被困火场时,被困人员应掌握以下自救逃生的要领:

1.保持沉着冷静,不要惊慌失措,以增加获救的机会。

2.在存放有紧急脱险呼吸装置的场所,立即取用该装置。

3.决定从火场中逃生的路线:平时应熟悉本船的脱险通道,这样,一旦发生火灾,才能迅速选择通达安全区域或救生甲板的路线。

4.低姿行进:由于火焰、烟雾和热气流均向上升,四周的冷气流向舱底补充,所以,保持较低姿势行走,不仅温度较低、烟雾较少,而且低层的空气还可以支持呼吸。

5.沿舱壁行走:可以避免身体被火焰四面包围。

6.减少身上的暴露部分:衣服可以防止热辐射灼伤,如有需要,可用浸湿的毯子或者棉被披在头部和身上,以减少身体的暴露部分,利于冲出火场。

7.如未戴紧急脱险呼吸装置,以湿毛巾护口鼻,过滤烟雾以利于呼吸。

8.在居住舱室或者值班场所时,应携带救生衣。

9.必要时可由舷窗逃出,或破门逃生。

10.要有旺盛的斗志和必胜的信心。

扩展知识

一、货船脱险通道的要求

1.最低开敞甲板以下处所的脱险通道应为梯道,次要的脱险通道可为围阱或者梯道。

2.最低开敞甲板以上处所的脱险通道应为梯道或者通往开敞甲板的门,也可为两者的组合。

3.只有一个脱险通道的走廊或走廊的一部分,一端不通的长度一般不得超过7 m。这里所谓一端不通的走廊是指从这一端无法通向脱险通道。若在走廊的末端有一扇可随时打开的门,通过该门可以通向该处所(群)的脱险通道,这样的走廊就不应作为一端不通的走廊处理。反之,若通过该门须经过与撤向登乘甲板相反的梯道才能进入脱险通道,则这样的走道就应视作一端不通的走廊。

二、货船 A 类机器处所脱险通道

货船 A 类机器处所脱险通道应符合下述规定之一:

1.两部彼此尽可能远离的钢梯,通往该处所上部同样远离的门,从该门至开敞甲板应设有通道。其中一部钢梯应位于一个受到保护的环围内,从处所的下部到处所以外的安全位置对其所服务的处所进行保护,在环围内应设有具有相同耐火完整性的自闭式防火门,并应设有应急照明。

2.另一部钢梯通往该处所上部的门,从该门至开敞甲板应设有通道。此外,在该处所下部和远离上述钢梯的位置,设有一扇能从两面操纵的钢门,以提供从该处所下部通往开敞甲板的安全脱险通道。

要　点

脱险通道是指在发生紧急险情时,供人员脱险的通道,从而使船上人员能够安全迅速撤向救生艇和救生筏登乘甲板。所以所有船员上船后应尽快熟悉本船的脱险通道,特别是要熟悉起居处所和工作场所的脱险通道,以便在紧急情况下能迅速撤离。另外,所有船员应掌握自火场逃生的要领。

思考题

1.对于船舶脱险通道的一般要求有哪些?

2.简述自救逃生的要领。

★ 练习题

一、选择题

1.进入货舱探火时人员行走的方法是( )。

A.低姿探索前进

B.直立探索前进

C.跳跃探索前进

2.船舶脱险通道是指在发生( )时,供人员脱险的通道,从而使船上人员能够安全迅速地从所在处所撤向救生艇和救生筏登乘甲板。

A.刮台风

B.下暴雨

C.紧急险情

3.如图所示为( )。

A.主脱险通道标志

B.副脱险通道标志

C.安全脱险通道标志

4.如图所示为( )。

A.主脱险通道标志

B.副脱险通道标志

C.安全脱险通道标志

5.货船脱险通道的要求是,只有一个脱险通道的走廊或走廊的一部分,一端不通的长度一般不得超过( )m。

A.5

B.6

C.7

6.货船 A 类机器处所脱险通道的规定中,两部彼此尽可能远离的( ),通往处所上部同样远离的门,从门至开敞甲板应设有通道。

A.围阱

B.梯道

C.钢梯

7.船舶上所有处所或处所群应至少提供( )条尽量分开并随时可用的脱险通道。

A.1

B.2

C.3

8.自火场逃生的姿势是( )。

A.直立奔跑

B.爬行

C.低姿行进

二、判断题

1.火场搜索时,应采用低姿、触摸式的方法,重心放在后腿并曳步前进。(　　)

2.船舶的脱险通道应提供其他辅助逃生设施,确保其易于到达、标志清晰、设计能满足紧急情况需要。(　　)

3.所有高级船员上船后应尽快熟悉本船的脱险通道,特别是起居和工作场所的脱险通道。(　　)

4.船舶机舱的逃生孔、门上有明显逃生标志,逃生孔的灯应保持常亮并在通道里没有任何障碍物。(　　)

5.在船舶发生火灾被困火场时,被困人员应沿舱壁行走,可以避免身体被火焰四面包围。(　　)

6.在船舶发生火灾被困火场时,被困人员应在必要时可由舷窗逃出,或破门逃生。(　　)

7.货船脱险通道的要求是,最低开敞甲板以下处所的脱险通道应为梯道,次要的脱险通道则一定是围阱。(　　)

8.货船脱险通道的要求是,最低开敞甲板以上处所的脱险通道应为梯道或者通往开敞甲板的门,也可为两者的组合。(　　)

9.船舶上的升降机可视为应急脱险通道。(　　)

10.船舶的脱险通道应保持安全状况,内无障碍物。(　　)

11.在火场中低姿行进的优点是温度低、烟雾少,且底层空气可用于呼吸。(　　)

12.在下舱探火时,应采用低姿势、摸索行进的方法,以保证安全。(　　)

13.在通过烟雾较大的火灾区域时,必须戴呼吸器或用湿毛巾捂住口鼻。(　　)

14.应急脱险通道上的门一般应向逃生的方向开启。(　　)

项目八

船舶火灾的原因与预防

必备知识

为了全面做好船舶的防火工作,所有船员应首先充分了解船舶火灾产生的原因,为实现船舶防火工作目标创造有利条件,使船舶防火工作能够有的放矢。船舶火灾发生的原因主要有以下几个方面:

一、吸烟不慎

无论是在船上还是在陆地上,引起火灾的一个主要原因就是吸烟不小心,乱扔未熄灭的烟头和火柴。

1.乱扔烟头和火柴

未熄灭的烟头足以使垫舱物料、纸、纸板、细刨花、绳索和卧具等物质起火燃烧。所以,吸烟者必须把火柴、烟头放入非易燃的容器内,该容器应安放在船上每一处允许吸烟的地方。待烟头熄灭后,才能倒烟缸,烟灰必须倒在有盖、非易燃的注水容器内。

对于参观者、码头装卸工以及上船工作人员,应向他们提醒吸烟的规定。

2.吸烟和饮酒

饮酒后又吸烟更增加了火灾产生的危险性。饮下几杯酒之后,就容易忽视一支放在烟缸上燃着的香烟。虽然这只是船上的小火,但只要与易燃物质相接触,在不长的时间内就会酿成一场火灾。尤其要注意醉酒后吸烟的人,其行为会危及船舶和船员的安全。

3.躺在床上吸烟

无论什么时候躺着吸烟都是很危险的。一天劳累之后感到疲倦,这时抽烟就易出现灾难,燃着的烟卷只要与卧具一接触,就能引起闷火,其烟雾会使人昏睡,甚至还可能导致窒息,而不能发觉火情,导致悲剧的发生。要避免这种危险,应在任何情况下都不躺着吸烟。

4.在禁止吸烟的处所吸烟

在船上的一些地方,如有明火或火花,是非常危险的。这些地方应禁止吸烟,并清楚地标有"禁止吸烟"的标记。每一船员都应知道哪些地方不准吸烟以及不准吸烟的原因。应禁止在货舱、机舱、锅炉舱、油漆间、物料间、工作间以及装有危险货物的露天甲板等场所吸烟。

二、自燃

自燃也是船舶火灾的原因之一。如将浸满植物油或沾着油漆的抹布扔在工作间、库房或机舱的角落里,这些地方由于温度高、通风差,布上的油开始氧化,因而会发生自燃。

1.船上容易自燃的物品

船上沾上油的布和沾上油漆的布都会发生自燃,木材、布料等易燃物与高温管道接触后,在特定条件下也会发生自燃,为了防止此类火灾,应使易燃物品接触不到热源。

2.货物

作为运输对象的许多货物都能发生自燃,运输危险物品应遵守国际和我国海上运输危险物品的有关规定。

三、电气线路和设备老化

当电气设备老化,或违章使用,或连接松动时,电能就会转化为热能,该设备就会变成危险的火源。

电气设备和零件损坏时,应及时更换合格的备件,不能加大线路和保险丝的负荷用电,不能使无防护的灯泡接触到可燃物品,不能使气密电气设备受潮,电机要保养好,不能使机舱的电气设备浸水或者浸油,电平充电间应保持良好的通风,所有这些都是确保电气设备正常运行所必不可少的。

四、厨房使用不当

厨房火灾主要是由厨房炉灶和电器设备使用不当引起的。

应定期去掉炉灶的积油,集油罩和通风道的油垢也应定期进行清理。

五、货物积载不当

积载得当,危险的货物能安全运输。对于有危险的受限制的货物,其说明、分类、包装、标记、标签、装卸和运输等都应符合国际和我国海上运输危险物品规则的规定。

值班驾驶员应对装卸货物的操作进行严格监督。应立即将柜装破漏的货物、洒漏在舱内的任何液体及时进行清除，否则就会产生有害的后果。装卸货时，应防止货物碰击舱口围板或其他货物，也应防止落舱过猛而损坏货物的包装。

应恰当加固货物，使其在大风大浪中不至于发生移动，防止货物的移动既关系到船舶的稳定性，又关系到防火安全。

向舱内装载可燃的散货，如粮食、煤炭等，应将舱内的电源切断。

应注意集装箱运输的安全，如集装箱有破漏痕迹或者发现货物有移动的迹象，应拒绝装船。由于某种原因需要打开集装箱时，应特别小心，以防箱内潜在的火灾危险。

六、明火作业

各种明火作业都是危险的工作，是引起船舱火灾的重要原因之一。明火作业引起火灾主要是由下列原因造成的：

1.焊接前未清理干净动火区以及周边的可燃物。

2.在未经测爆合格的油舱或油柜内动火。

3.动火时未准备好消防器材。

4.动火时未安排合格人员看火。

七、燃油的输送

船舶在补充燃油和驳油过程中，由于管路破损或值班人员疏忽，容易造成溢油或漏油，遇火源或高温物体会引起火灾。

八、船厂修船

进厂修理船舶时，焊接及其他热工作业遍布全船，船员应严格进行监督，各项明火作业应在安全的情况下进行，并严格遵守明火作业有关规定。

九、静电危险

油船油舱所产生的静电火花、装卸原油或者石油产品时所产生的静电火花都会导致船舶火灾。

扩展知识

船舶主要处所的火灾原因主要包括以下几种。

一、机舱火灾的主要原因

1.在机舱内吸烟。

2.电气设备过载、电缆绝缘老化而引起火灾。

3.在机舱内进行热工作业时,防护不当或者违规操作,引起火灾或爆炸。

4.机舱内管理不善,如废弃棉纱头没有放在指定的有盖金属桶内,自燃起火。

5.燃油、润滑油从设备和管系中的破损部位渗漏,积聚在机舱内而未及时进行清理。

6.高温热表面,由于隔热材料或者防护套破损,燃油喷洒或者滴到热表面引起受热自燃。

二、货舱火灾的主要原因

1.装卸货时,装卸工人在货舱内吸烟。

2.通风不良导致发热并蓄热的货物本身自燃。

3.在甲板上进行热工作业,导致舱内货物受热自燃。

4.装运危险品时,在装卸和航行期间操作与管理不规范。

5.易产生可燃气体的散装货物,遇明火或火花发生燃烧,如散装煤炭。

三、生活处所火灾的主要原因

1.违规使用电熨斗、热水器、电炉等电器设备。

2.电气线路短路或者电气设备老化。

3.吸烟者乱扔烟头,尤其是在床上吸烟。

四、厨房火灾的主要原因

1.用电设备或者电路故障。

2.油锅内的油洒落在炉灶上。

3.厨房排烟管路内积油太多。

4.厨房用火期间有关人员离开的时间较长。

5.食用油因加热的温度过高,自燃或被点燃起火。

6.集油罩内的积油多而未被及时清理,遇火发生火灾。

五、油漆间火灾的主要原因

1.电路故障。

2.吸烟或者火花。

3.油漆间存放大量的易燃品,如油漆和稀释剂。

🔊 要　点

　　为了全面做好船舶的防火工作,船员应对船舶火灾产生的原因有充分的了解,为实现船舶防火工作目标创造有利条件,使船舶防火工作能够有的放矢。

思考题

1.简述船舶火灾发生的原因。

2.简述船舶各主要处所火灾发生的原因。

练习题

一、选择题

1.凡船舶不准吸烟的地方,应(　　)。

A.张贴宣传画

B.有专人口头通知

C.有"禁止吸烟"标记

2.船舶火灾主要是由(　　)导致的。

A.人为原因

B.设备老化

C.恶劣海况

3.生活区的火灾原因主要是(　　)。

A.躺在床上吸烟

B.电气设备老化

C.违规使用高温设备

4.以下不属于厨房火灾原因的是(　　)。

A.排烟管内积油太多

B.食用油洒落在炉灶上

C.吸烟

5.货舱火灾的主要原因是(　　)。

①工人在货舱内吸烟;②通风不良使货物自燃;③装运危险物品并操作管理不当

A.①②

B.②③

C.①②③

6.机舱火灾的主要原因是(　　)。

①电气设备过载;②可燃物违规存放;③泄漏的油未及时清理

A.①

B.①②

C.①②③

二、判断题

1.燃油、滑油溅落至排气管或过热蒸气管上,是造成机炉舱失火的主要原因之一。

(　　)

2.在船舶甲板上进行热工作业,会导致舱内货物受热自燃。(　　)

3.船舶货舱通风不良会导致发热并蓄热的货物本身自燃。(　　)

4.船舶机舱的废弃棉纱头没有放在指定的有盖金属桶内,会发生自燃起火。

(   )

5.船舶机舱的电气设备过载、电缆绝缘老化会引起火灾。(   )

6.船舶在补充燃油和驳油过程中,由于管路破损或值班人员疏忽,容易造成溢油或漏油,遇火源或高温物体引起火灾。(   )

7.运输危险物品应严格遵守国际和我国海上运输危险物品的有关规定,不能混装的货物应予以有效隔离。(   )

8.木材、纺织品等易燃物与高温管道接触后,在特定条件下也会发生自燃。(   )

9.船舶上沾上油或油漆的布料、棉纱头、木屑等,如通风不良,在一定条件下会发生自燃。(   )

10.有可燃气体的舱室内,如无其他照明设施,使用手电筒照明也可以。(   )

11.在焊接现场,清除掉易燃物后,还应准备好消防器材,看火人员的职责是焊接结束后巡查。(   )

12.在焊接作业前,应做好各项防火工作。明火作业后,要把现场清理干净,以防后患。(   )

13.船舶上凡禁止吸烟处,都应清楚地标有"禁止吸烟"标记,机舱内也禁止吸烟。(   )

任务二 船舶火灾的预防措施

必备知识

从引起火灾的起火源来看,火灾基本可以归纳为六方面:明火或暗火引起的火灾、热表面引起的火灾、火星引起的火灾、电气设备引起的火灾、自燃起火和静电引起的火灾。对待不同成因的火灾要采取不同的预防措施。

一、明火或暗火引起的火灾

明火是指有火焰的火,例如,火柴、气割及油灶的火等。暗火是指没有火焰的火,例如,烟头及火星等。不论是明火还是暗火,都密切关系到人们的安全,稍有不慎或者管理不善,就很容易引起火灾,因而都需要我们特别警惕。预防这类火灾的方法有如下几种:

1.对人员经常进行安全教育,严禁在甲板上、货舱口、物料间或者存放易燃物品的舱室附近吸烟。

2.不准随便乱扔烟头、火柴梗。

3.设置带盖或盛水的烟灰缸。

4.对厨房用火要严格管理、谨慎操作。

5.对于正在进行电焊或气割的场所,要派专人备好灭火器具在旁守候,以便能够随时施救。工作完毕后24 h内要不断检查、巡视。

6.禁止私自使用敞开式电炉在舱室内烧煮食物。

7.机舱、泵间易于积存油污,厨房排出油气的通风道易于积存油垢,要经常进行清理去除。

二、热表面引起的火灾

1.排气管、过热蒸气管以及锅炉外壳等热表面,应用隔热材料妥善包扎,如要修理,需将隔热材料拆下,在修理结束后应立即将之恢复装妥。

2.向日用燃油柜或者机油柜注油时,要防止溢油溅落到热表面。

3.装货时不要将易燃货物靠近货灯,装卸结束后应立即切断货灯电源。

4.不要使电灯泡或者其他电热器靠近可燃物体,如纸张、布料、棉纱头等,以防温度升高而起火。

5.对正在运转中的机器,要经常检查机油的压力是否正常、转动部位是否得到润滑,以防摩擦生热而引起火灾。

三、火星引起的火灾

火星具有较高的温度,可以引燃一些可燃物质,而且还会引起石油气体或者其他可燃气体的爆炸。火星包括烟囱里飞出的、金属撞击摩擦产生的、气割吹开的火星等。

1.要清除烟囱飞出的火星,必须掌握燃烧物在气缸或炉灶中的正确燃烧时间,所有轮机人员要关心排烟的颜色及有无火星出现,厨房要保证炉灶正常使用并定期清扫烟囱。

2.防止一切工具从高处跌落,包括皮鞋后跟加铁钉,也是油船所不允许的。

3.在装卸棉花、麻黄等易燃货物时,要加强值班,注意有无火星溅落在上面。

四、电气设备引起的火灾

电气设备引起的火灾主要是因为短路、超负荷、设计不当、安装错误、绝缘失效,以及乱拉电线、随意使用电炉和电熨斗等。

预防电气设备火灾要注意以下几点:

1.要经常检查电线的质量、绝缘是否良好,对不符合要求的应及时予以更换。

2.严禁任意增加电路负荷、随便拉线装灯及使用电炉等设备。

3.严禁随意加大保险丝规格,不得用钢铁丝或铜丝来替代保险丝。

4.保险丝要接牢,防止松动。

五、自燃起火

棉、麻、棕制品包括棉纱、缆绳、破布以及工作服,凡是沾有油脂的,如长时间暴露在空气中,都会氧化发热而自燃,因此,这些可能自燃的物品要存放在阴凉通风的地方,尽量远离热源。

1.沾了油的棉纱头、破布等必须放在有盖的金属桶里,以防自燃而发生火灾。

2.对化学危险品物件必须弄清其物理性质、化学性质及装载中的注意事项,凡不能混装的化工产品,在配载时应坚决将之隔离。

六、静电引起的火灾

在油船上要严格遵守有关操作规程,防止静电火花的产生。

科普知识

船舶机舱消防安全注意事项

船舶常发生的火灾爆炸事故

1.机械设备管理操作不当引起的火灾爆炸事故:

①柴油机曲轴箱爆炸;

②柴油机扫气箱着火爆炸;

③锅炉炉腔爆炸;

④空压机曲轴箱爆炸;

⑤烟囱冒火引起火灾;

⑥燃油管破裂、油柜冒油使燃油喷到柴油机排气管和锅炉上引起火灾。

2.电气设备管理操作不当引起的火灾爆炸事故:

①导线超负荷或老化引起火灾;

②绝缘不良引起火灾;

③电气设备故障,因电流的热作用而产生火花。

3.对易燃物品管理不严引起的火灾:

①地板上、舱底、机器周围漏油过多引起火灾;

②浸过油的破布、棉纱、木屑等因空气不流通而导致温度过高引起火灾。

4.明火及明火作业引起的火灾:

①吸烟、火柴、打火机;

②焊接;

③锅炉与厨房炉灶。

5.油舱柜的爆炸火灾:

①透气管处遇明火引起火灾与爆炸;

②油舱柜清洗产生静电引起火灾与爆炸;

③油舱柜附近有明火和明火作业引起火灾与爆炸。

6.易燃易爆货物引起的火灾爆炸事故:

①油船;

②船装运易燃易爆货物或物资。

船员日常防火防爆守则

吸烟时,烟头必须熄灭后投入烟缸,不能乱丢或向外乱扔,也不准扔在垃圾箱内。禁止在机舱、货舱、物料间、储藏室内吸烟,在卧室内禁止躺着吸烟。装卸货或加装燃油时禁止在甲板上吸烟。

规定必须集中保管的易燃易爆物品不准私自存放,禁止任意烧纸或燃放烟花爆竹,严禁玩弄救生信号弹。

离开房间时应随手关闭电灯和电扇,靠近窗口的台灯应关熄;风雨或风浪天气应将舷窗关闭严密;航行中不得锁门睡觉。

禁止私自使用移动式明火电炉。使用电炉、电熨斗、电烙铁等电热器具或工具时必须有人看管,离开时必须拔掉插头或切断电源。

不准擅自接拆电气线路或拉线装灯(插座);不准用纸或布遮盖电灯;不准乱拉收音机或电视天线;不准在电热、蒸气器具上烘烤衣服、鞋袜等。

废弃的棉纱头、破布应放在指定的金属容器内,不得乱丢乱放。潮湿或油污的棉、毛织品应及时处理,不能堆放在闷热的地方,以防自燃。

大舱货灯必须妥善保管。使用时要检查灯泡及护罩,如有损坏,应及时换新。货灯电缆要通畅,防止被他物压坏,用后应放在指定处所,妥善保管。

进行明火作业前,经船长同意后须查清周围及上下邻近各舱有无易燃物,特别要查明焊接处是否通向油舱。当气焊作业时要严防"回火",避免事故,并须派人备妥消防器材且在旁监护。港方如有规定,还应向海事部门申请,经批准后方可施工。作业完毕后,要仔细检查有无残留火种。

对于油船除应遵守"交通运输部油舱安全生产管理规则"外,其货油泵间必须保持清洁,不得堆放杂物,污油应经常清除。货油泵要定期检查,并应按规定进行注油。装卸期间泵浦员或轮机员不得擅离职守;禁止闪光照相和在甲板阳光下戴老花眼镜。

严格遵守与防火防爆有关的安全操作规程和有关规定。当发现任何不安全因素时,每个船员均有责任及时报告领导;对违章行为,人人有责及时制止。

船舶防火防爆的安全措施

定期检验机械的安全设备。

锅炉、空气瓶、柴油机气缸盖上的安全阀由船检定期检验铅封。

保持电路的绝缘良好。

对油舱柜加强管理:

①空油柜经清洗、除气、测爆后,才准予明火作业时用测爆仪检测油气浓度。使用时要先检查仪器的准确度,并按说明书的要求正确取样、操作、修正。测爆仪不能测量空气中的含氧量,为了保证测试的准确性,一般用两只仪表同时进行。国际及我国都规定:船舶油舱柜的油气浓度在爆炸下限的1%或以下时,才能进行热工作业;在爆炸下限的5%或以下时,才能进入某些区域。

②清洗空油柜时,严禁污水再循环。

③在空油柜附近,严禁拖动电焊用的电缆。

④空油柜中应充满惰性气体,以防雷电。

机炉舱内应保持清洁,严禁吸烟。

自动探火及报警系统应保持正常工作。

消防系统和各种消防器材应能随时投入工作并在规定的位置上。

加强船员防火防爆的安全教育和消防训练,做好应变部署。

机舱火灾应急操作规程

发现机舱火情,当值人员应迅速发出火警并及时灭火,控制火势蔓延。

轮机部全体人员立即进入应变部署岗位,服从统一指挥。

轮机长迅速进入机舱,做出正确判断,进行现场指挥。

必要时:

①切断火场电源或停止发电机运转,起动应急消防泵灭火。

②通知船长减速、改变航向或主机停车。

③停止机舱通风机、燃油泵,关闭油柜速闭阀、机舱天窗和风道挡板。

抢救人员三人一组,穿好消防衣,戴好呼吸器,做好支援通信联络工作。

如果机舱必须施行二氧化碳灭火,应按有关规定与船长商定后执行。在机舱施放二氧化碳前必须封闭机舱,按响警报通知人员撤离现场,确认无人后,通知船长施放。使用二氧化碳灭火所需的时间比较长,不可过早地开启机舱通道门。

扑救火灾后,要查找隐火,严防死灰复燃;救护伤员,机舱通风,清理现场,检查机电设备状况,排除舱底水。

查清火灾成因,起火、灭火准确时间,灭火过程,善后处理,火灾损失情况,需要修理项目,并记入轮机日志。将有关情况电告公司,为海事处理做好必要的准备。

🔊 要 点

船舶火灾的预防,最为重要的是要管理和控制好起火源,对待不同起火源引起的火灾要采取不同的预防措施。

📖 思考题

简述各种火灾的预防措施。

⭐ 练习题

一、选择题

1.对机舱的热表面要采取( )。

A.用水冷却

B.用自然通风冷却

C.包扎绝热层

2.下列各项中属于明火的是( )。

A.烟头

B.火柴

C.火星

3.下列各项中属于暗火的是( )。

A.油灶

B.火柴

C.火星

4.( )引起的火灾主要是因为短路、超负荷、设计不当、安装错误、绝缘失效,以及乱拉电线、随意使用电炉和电熨斗等。

A.热表面

B.自燃起火

C.电气设备

5.在油船上,可以在( )吸烟。

A.露天甲板

B.指定的吸烟处所

C.工作间

6.在船上,烟头可以( )。

A.丢向舷外

B.丢进垃圾桶

C.放入注水的烟灰缸

7.明火作业后( )内应派人不断地巡视作业场所及其周围。

A.8 h

B.12 h

C.24 h

二、判断题

1.焊接作业结束后应派专人在24 h内巡视检查。( )

2.船舶的机舱、泵间不易积存油污,而厨房排出油气的通风道易于积存油垢,要经常进行清理。( )

3.船舶装卸易燃货物时要靠近货灯,装卸结束后应立即切断货灯电源。( )

4.船舶上不要使电灯泡或者其他电热器靠近纸张,以防温度升高而起火。( )

5.船舶上可使电灯泡或者其他电热器靠近布料、棉纱头,不会引起火灾。( )

6.船舶上对正在运转中的机器,要经常检查机油的压力是否正常、转动部位是否得到有效润滑,以防摩擦生热而引起火灾。( )

7.火星包括烟囱里飞出的、金属撞击摩擦产生的、气割吹开的火星等。( )

8.要清除烟囱飞出的火星,必须掌握燃烧物在气缸或炉灶中的正确燃烧时间,所有轮机人员要关心排烟的颜色及有无火星出现,厨房要保证炉灶正常使用并定期清扫烟囱。( )

9.棉、麻、棕制品包括棉纱、缆绳、破布以及工作服,凡是沾有油脂的,如长时间暴露在空气中,都会氧化发热而自燃,因此,这些可能自燃的物品要存放在阴凉通风的地方,尽量远离热源。( )

10.船舶明火作业后,应派专人在24 h内巡视检查。( )

11.不论是明火还是暗火,都密切关系到人们的安全,稍有不慎或者管理不善,就很容易引起火灾,因而都需要我们特别警惕。(　　)

12.使用大功率电器,保险丝熔断,为保证正常使用,可用铜丝替代。(　　)

13.在油船上要严格遵守有关操作规程,防止静电火花的产生。(　　)

任务三　修船防火

必备知识

船舶修理一般需要在船厂或者航修站进行。在整个修船期间,修船人员多,明火作业多,作业地点分散,作业时间较长,因此极易发生火灾。

一、进厂前的准备工作

1.油船应进行有效洗舱。全船的货油舱、泵舱及隔离空舱均应清洗干净,除去油垢及油脚并保持通风。进厂前应取得船舶检验局颁发的"船舶可燃气体清除证书",只有经船舶检验局检验发证确认安全后才能进厂。油船的各种货油管系统以及其他含油管系统均应清理干净。

2.机炉舱内的易燃物,例如,木材、油棉纱、破布及污油等,应清除干净并集中保存。

3.需要修理燃油舱、油柜时,要把油脚洗擦干净,以取得船舶检验局颁发的"船舶可燃气体清除证书"。

4.需要动火修理的输油管、驳油管、油舱加温管以及泵舱内管系,应用热水冲洗,并用手拆去一节,确保管内无油和空气畅通后再动火。

5.测爆工作需先经船舶检验局检验发证,确认安全后,再由厂方复查合格,然后方可进厂。

二、进厂后的防火工作

1.作业前,船方应当清除作业现场及其周围(包括上下左右管系、相邻舱室)的易燃、可燃物;厂、站方应将与下层舱室连通的孔洞封堵。

2.应在作业场所周围划定安全警戒区,设置禁火标志。警戒区内严禁使用明火以及非防爆插座、开关和电器设备。

3.在机舱内(包括油舱柜、油管线附近)进行明火作业时,可燃气体的浓度须保持在爆炸下限值的1%以下,否则应当停止作业。

4.敷设氧气软管、乙炔气软管以及电焊线时,要采取防挤、压、摩擦等措施。当班作业完毕后,须切断电源和气源。

5.修船过程中应当对船舶电气设备和施工用电进行严格管理。凡临时拉接线路都要采用绝缘物架空。严禁拖、拽、挤、压。

6.在高空动火作业时,必须注意火星可能飞溅到的范围内有无易燃物品,并应派人看守,看火人员不得擅离职守。

7.修船期间,船方应当严格实行护船值班制度,确保有1/3以上的船员留船。

8.船上配置的消防器材和消防设施,应保证随时可用,任何人不得随意动用或者挪作他用。

9.在修理驾驶台及船员住舱等地方时,进行焊割工作前应拆除动火部位的可燃性衬板、隔热材料等,并移走其他易燃物品。

10.氧气瓶和乙炔瓶必须分开存放,不能混装在一起,氧气瓶不能接触油污,更不能接触高温和明火。

11.当班作业完毕后,施工和看火人员应再次认真检查、清理现场,确认无火灾隐患后方可离开。

🔊 要　点

船舶在进厂修理前,应按修理计划做好相关准备工作,特别是防火防爆工作。在船厂修船期间,由于船员人数少,而修船人员多,明火作业多,作业地点分散,作业时间较长,因此易发生火灾,应引起所有船员的高度重视。

思考题

1.船舶进厂修理前要做哪些防火准备工作?

2.船舶进厂修理期间要做哪些防火工作?

⭐ 练习题

一、选择题

1.氧气瓶不能接触(　　　)。

A.二氧化碳、氮气

B.油污、高温、明火

C.油漆

2.船舶需要修理燃油舱、油柜时,要把油脚洗擦干净,以取得(　　　)颁发的"船舶可燃气体清除证书"。

A.轮船公司

B.海事部门

C.船舶检验局

3.船舶的测爆工作需先经(　　　)检验发证,确认安全后,再由厂方复查合格,然后方可进厂。

A.轮船公司

B.海事部门

C.船舶检验局

4.在船舶机舱内进行明火作业时,可燃气体的浓度须保持在爆炸下限值的(　　　)以下,否则应当停止作业。

A.1%

B.2%

C.3%

5.船舶的当班作业完毕后,须切断(　　　)。

A.电源

B.气源

C.电源和气源

6.修船期间,船方应当严格实行护船值班制度,确保有(　　　)以上的船员留船。

A.1/3

B.2/3

C.1/2

7.油船进厂修理前,应进行有效的洗舱,以及对动火的管系进行冲洗,在取得(　　　)颁发的有关证书后方能进厂。

A.港务部门

B.主管机关

C.船厂

8.颁发"船舶可燃气体清除证书"的职能单位是(　　　)。

A.轮船公司

B.海事部门

C.船舶检验局

9.船舶修理一般需要在(　　　)进行。

A.船厂

B.航修站

C.船厂或者航修站

二、判断题

1.在船厂修船期间,除了值班人员外,其他船员都可离船。(　　　)

2.船舶修理前,船舶对油舱进行清理、通风、测爆后,方可进厂修船。(　　　)

3.修船时,机、炉舱内的易燃物应分散保管好。(　　　)

4.在船上进行高空动火作业时,没有必要派专人监视。(　　　)

5.氧气瓶和乙炔瓶在短时间内混装在一起,不会出问题。(　　　)

6.在船上,氧气瓶和乙炔瓶可以放在一起储存。(　　　)

7.氧气瓶不能接触油污,更不能接触高温和明火。(　　　)

8.在无货物的甲板上进行动火作业时,没有必要派专人监视。(　　　)

9.油船在进厂修理前,要进行有效洗舱,并保持通风。(　　　)

10.明火作业完毕后,看火人员可与施工人员一道马上离开作业现场。(　　　)

任务四　结构防火

必备知识

结构防火主要是针对热量的传播方式,使金属结构的热传导能力减弱,并大大增强对热辐射的抵御。在船舶结构上设置一些耐火分隔能够有效地防止船舶火灾的发生并在一定时间内对遏制火灾的蔓延产生一定的抑制作用,有利于控制和扑救火灾。

结构防火中的耐火分隔,分为 A 级分隔、B 级分隔和 C 级分隔。

一、A 级分隔

A 级分隔是指用钢或其他等效的材料制造的舱壁和甲板所组成的分隔,并用适当的防烧材料加强,用经认可的不燃材料隔热。其构造经 1 h 的标准耐火试验至结束时,能防止烟及火焰的通过。在下列时间内其背火一面的平均温度较原始温度增高不超过140 ℃,且在包括任何接头在内的任何一点的温度较原始温度增高不超过 180 ℃:

"A-60"级:60 min;

"A-30"级:30 min;

"A-15"级:15 min;

"A-0"级:0 min。

二、B 级分隔

B 级分隔是指由符合要求的以认可的不燃材料且建造和装配中所用的一切材料均为不燃材料所制成的舱壁、甲板、天花板或者衬板所组成的分隔。其构造应在最初半小时的标准耐火试验结束时,能防止火焰通过;应具有这样的隔热值,使其在下列时间内背火一面的平均温度,较原始温度增高不超过 140 ℃,且包括任何接头在内的任何一点的温度较原始温度增高不超过 225 ℃:

"B-15"级:15 min;

"B-0"级:0 min。

三、C 级分隔

C 级分隔是指以认可的不燃材料制成的分隔,它不必满足防止烟和火焰通过以及限制温升的要求。

四、不燃材料

不燃材料是指某种材料加热至约 750 ℃时,既不燃烧,也不产生足量的造成自燃的易燃蒸气。

🔊 要 点

在船舶结构上设置一些耐火分隔能够有效地防止船舶火灾的发生并对在一定时间内遏制火灾的蔓延产生一定的抑制作用,有利于控制火灾、扑救火灾。

📖 思考题

结构防火的目的和要求如何? 耐火分隔分为哪几级?

⭐ 练习题

选择题

1.B 级分隔经 30 min 的耐火试验,其背火一面的平均温度升高不超过 140 ℃,且任何一点温度升高不超过(　　　)。

A.225 ℃

B.200 ℃

C.180 ℃

2.船舶结构防火中不燃材料是指某种材料加热至约(　　　)时,既不燃烧,也不产生足量的造成自燃的易燃蒸气。

A.550 ℃

B.650 ℃

C.750 ℃

3.结构上设置耐火分隔的目的是(　　　)。

A.永远阻隔热量传播

B.阻隔热量传播一段时间

C.不需派人巡视

4.结构防火中的耐火分隔,共分为(　　　)。

A.A 级、B 级分隔

B.A 级、C 级分隔

C.A 级、B 级、C 级分隔

5.A 级分隔经 60 min 的耐火试验,其背火一面的平均温度升高不超过 140 ℃,且任何一点温度升高不超过(　　　)。

A.150 ℃

B.170 ℃

C.180 ℃

6."A-60"级是耐火分隔中(　　　)的耐火设备。

A.最高档次

B.中等档次

C.最低档次

7.B 级分隔所采用的材料在耐火试验结束时其背火一面的平均温度较原始温度升

高不超过(　　)。

    A.140 ℃

    B.180 ℃

    C.225 ℃

任务五　船舶消防安全管理

必备知识

一、船舶消防安全责任制

船舶消防安全工作必须贯彻执行"预防为主,防消结合"的方针,实行防火安全责任制。船长为船舶防火责任人,对船舶防火安全负全面的责任;大副、轮机长对其部门防火安全负责;船员对其工作场所和居所防火安全负责。船舶领导有责任对船员进行遵章守纪、消防安全的宣传教育,定期进行消防演习、消防培训,提高船员消防知识、灭火技能和安全防范意识。

二、消防设备、器材管理

1.船舶应按《1974 年国际海上人命安全公约》及其修正案、船舶所入船级社的规范要求和船旗国的规定配备消防设备和器材。

2.船舶消防设备和器材由三副负责管理,由各主管人员按相关规定进行维护保养,保持消防设备和器材处于立即可用的良好状态。船长、大副和轮机长负责指导并检查。

3.船舶应每月定期进行防火检查,对检查出的问题应尽快进行整改。

4.每周对通用报警设备进行试验;定期对货舱、机舱、生活区的感烟、感温等探测报警设备进行检查、试验。

5.每月对灭火器、消防设备进行检查,并做好记录。

6.安全通道、应急通道、逃生孔必须保持畅通,照明、应急照明保持良好。

7.自闭式防火门必须保持正常使用状态,禁止人为将其长期固定并敞开。

8.船舶通风筒设备良好,防火挡板开关正常,开关操纵标志明显。

9.消防泵、应急消防泵使用 2 根水带时,压力符合要求;消防阀四周不得堆放杂物;国际通岸接头及其附件齐全。

10.大型固定灭火系统按要求进行维护保养,并持有有效证书;站室配有中英文施放操作说明及各舱室所需灭火剂量;各阀门良好、开关标志清晰,船员能熟练操作。

11.船舶应配备适量的备用手提式灭火器,能够自行进行充装的应备有药剂,并满足主管机关的要求。

12.定期对固定式柴油机应急消防泵进行维护保养和试验,燃油储备符合要求。

三、船员日常防火要求

1.树立防火责任意识,积极主动学习有关的消防知识,自觉遵守有关的消防规章和制度,严格遵守安全操作规程及有关安全规定。

2.禁止任何人于任何时候在禁烟场所吸烟。烟头、火柴梗必须随手熄灭并放入注水的烟灰缸内,不得随地乱扔,更不能向舷外乱扔。

3.不得私自携带和存放易燃易爆品,禁止随意焚烧废旧纸张和塑料等物品。

4.船舶禁止燃放烟花爆竹;禁止玩弄救生信号弹。

5.不准随意接、拆电线和插座,不准擅自拉线装灯或乱拉收音机天线。

6.对于废弃的含油棉纱头、抹布等,应存放在专用的带盖金属容器内,不得随手乱扔。对含有油污的棉毛织品要及时处理,不要长时间存放在闷热的地方,以防其自燃。

7.所使用的电加热器必须是合格的安全型产品,使用时必须有人看管,离开时须关掉电源。禁止私自使用明火电炉。

8.用厨房炉灶烹调食物时必须有人看管,不得随意离开厨房。

9.离开房间时应随手关灯,靠近舷窗的灯具应特别注意,不得使用纱或布等材料制作的灯罩。航行中不得锁门睡觉,以免发生火灾时既不利于自己逃生,也不利于他人营救。

10.机舱、泵间易积存污油,厨房排烟管易积烟垢和油垢,应经常清理。

11.严格执行防火巡视值班制度,对易于发生火灾的场所,每班都应按规定进行全面的巡回检查,相关内容应记入航海日志。

12.每位船员都应确保其居住区域、值班区域、工作区域或所在区域的防火安全。

13.塑料桶及橡胶桶不能作为垃圾桶,可燃性垃圾不要长时间存放,应及时处理。

14.每位船员应积极参加船舶定期进行的消防训练和消防演习,熟悉消防应知应会。

15.提高警惕,加强防范,发现火险隐患及时报告;发现违章行为,人人有责制止。

四、明火作业

1.明火作业环境区域考查

需要进行明火作业的地点、场所在审批前必须进行作业环境考察,确认安全。以下为明火作业环境考察区域:

(1)危险区域(是指经常产生和积聚可燃气体、粉尘或装卸易燃易爆货物的场所)的开敞甲板,从作业点向首尾延伸15 m,以船舶宽度为界,向下至平台或甲板,向上2 m的柱形空间。

(2)危险区域的作业舱室及其毗邻舱室。

(3)不属于危险区域的开敞甲板,以作业点为中心、10 m为半径,向上2 m,向下至平台或甲板的柱形空间。

(4)不属于危险区域的舱室内,以作业点为中心、5 m为半径的空间。

2.明火作业的基本条件

(1)可燃气体的浓度不大于爆炸下限的 1%,相对风速不大于 13.8 m/s。

(2)明火作业前,必须确认符合环境考察条件要求。施工现场必须清除易燃易爆物品,备妥足够有效的消防器材,并有防止火花扩散的安全措施。

(3)明火作业前,应拆除作业现场内有影响的电缆或切断其电源,并对其安全遮盖。

(4)在隔热舱壁或间架板上进行明火作业前,必须拆除距焊割边缘 0.5 m 内的一切可燃物,对 0.5 m 以外的一切可燃物,应采取防止焊割热传导的措施及有效遮盖。

(5)可以拆除的管子等机件,应移至电焊间或安全地点焊补;对无法拆除的油管、污油管等,应进行有效清洗,使管内可燃气体浓度不大于爆炸下限的 1%,或采取充惰性气体、水或拆开管子接头,对作业点两端进行有效隔堵。

(6)在长期封闭的舱室或空间狭小的通道作业前,必须通风,使含氧量达到 18% 以上。

(7)明火作业前,必须对作业现场进行清理,检查作业面的背面及四周,确认无易燃易爆物品。

(8)明火作业现场必须配备合适的灭火器材。

(9)明火作业的设备质量必须符合要求,使用前,必须确认设备技术状况良好。

(10)明火作业操作者必须持有主管机关认可的合格证书。

(11)明火作业时,必须有人负责监护。作业完毕,必须彻底清理现场,在确认无残留火种后,监护人员方可撤离。

3.测爆

(1)燃油、滑油、污油舱(柜)以及与其相连通且无法拆卸的管系,如需明火作业,必须清除舱内油、气,由船舶检验部门或其认可的机构检验,确认符合消防安全并出具检验合格证书。

(2)测爆合格的舱室或处所明火作业必须 4 h 内完成,否则应重新测爆认可,作业前和作业中应有专人对施工区域及有影响的场所,随时复测可燃气体的浓度。

4.禁止进行明火作业的条件

(1)对明火作业地点考查确认不符合安全条件的。

(2)对明火作业地点无法考查或对其能否保证安全有怀疑的。

(3)进行加油、涂刷油漆等有火灾危险的工作场所。

(4)盛有或残存易燃易爆油、气的容器或管道,未经泄压至正常压力的压力容器。

(5)正在装卸易燃易爆危险货物或产生易燃易爆粉尘货物的船舶,禁止明火作业。

5.明火作业审批

(1)船舶在港口需进行明火作业,必须向本港口海事部门报备。

(2)明火作业仅限审批获准项目,不得擅自扩大明火作业范围,超过作业时限。

(3)船舶在港口以外水域进行明火作业,需由部门长提出申请,经船长批准,并按"明火作业劳动安全措施检查确认表"所列内容逐项检查确认。

(4)船长在审批前要对作业现场进行检查,确认符合作业安全条件,落实各项安全措施,方可批准作业。

五、危险货物安全管理

1.船舶必须经过船检检验,取得船舶检验机构签发的"危险货物适装证书",只能承运"危险货物适装证书"规定范围内的危险货物,只能装载在证书允许的舱室内。船舶载运危险货物,应当符合有关危险货物积载、隔离和运输的安全技术规范。

2.承运危险货物的船舶必须配备最新版《国际海运危险货物规则》并对其及时修正。

3.船舶承运危险货物必须按《国际海运危险货物规则》正确合理配载,严格遵守交通部《船舶载运危险货物安全监督管理规定》。对不符合国际、国内有关危险货物包装和安全积载规定的,船舶应当拒绝受载、承运。

4.船舶装卸《国际海运危险货物规则》中的爆炸品(第1类),压缩、液化或加压溶解气体(第2类),闪点低于61 ℃的易燃液体(第3类),易燃固体(第4.1类),易自燃物质(第4.2类),遇水放出易燃气体的物质(第4.3类),氧化物质(第5.1类),有机过氧化物(第5.2类),须接受主管监督机构消防监护。

5.装运可能释放有毒气体或可能造成缺氧的货物,应配备测量空气中这类气体或氧气浓度的适当仪器及其使用说明。

6.装运易自燃货物的船舶,在航行途中要定时检测舱内温度,发现异常应及时采取措施。不准装运已发生自燃的货物。

7.装运易燃易爆危险货物的舱内应使用防爆灯具。

8.装载危险货物的船舶,应按《国际海运危险货物规则》中有关灭火和应急货物处理的内容对船员进行培训。

9.载运危险货物的船舶在航行、停泊、作业时应当按规定显示信号。

10.载运危险货物的船舶通过狭窄或拥挤的航道、航路,或者在气候、风浪比较恶劣的条件下航行、停泊、作业,应当加强瞭望,谨慎操作,采取相应的安全、防污措施。

11.载运危险货物船舶的船员应当事先了解所运危险货物的危险性和危害性及安全预防措施,掌握安全载运的相关知识。发生事故时,应遵循应急预案,采取相应的行动。

12.载运危险货物船舶的船员,应当持有海事管理机构颁发的适任证书和相应的培训合格证,熟悉所在船舶载运危险货物安全知识和操作规程。

13.载运危险货物的船舶应当制定保证水上人命、财产安全和防治船舶污染环境的措施,编制应对水上交通事故、危险货物泄漏事故的应急预案以及船舶溢油应急计划,配备相应的应急救护、消防和人员防护等设备及器材,并保证落实和有效实施。

14.危险货物的船舶办理进、出港口申报手续,申报内容应至少包括:船名、预计进出港口的时间以及所载危险货物的正确名称、编号、类别、数量、特性、包装、装载位置等,并提供该船舶所持有的安全适航、适装、适运、防污染证书等文件。

📢 **要　点**

船舶消防安全管理是以人为本,充分利用船舶有限的各种消防资源,全面贯彻"预防为主,防消结合"的方针,使船舶火灾能够得到标本兼治。"防"可以减少火灾的发生,避免火灾的危害,而"消"则可以减少已经发生火灾所造成的损失和伤亡。应依据现有消防法律规章制度治理人为因素导致的各种火灾隐患,不留死角,防患于未然,并建立一整套科学管理体系和规章制度,保证措施落实。

思考题

1.船员日常防火要求有哪些?

2.简述船舶明火作业的程序。

3.简述禁止进行明火作业的条件。

4.船员在船舶防火工作中的职责是什么?

5.简述船舶载运危险货物安全管理要求。

练习题

一、选择题

1.船舶应(　　　)定期进行防火检查,对检查出的问题应尽快进行整改。

A.每天

B.每月

C.每年

2.有关船舶的明火作业,(　　　)在审批前要对作业现场进行检查,确认符合作业安全条件,落实各项安全措施,方可批准作业。

A.船长

B.大副

C.轮机长

3.船舶防火责任人为(　　　),对船舶防火安全负全面的责任。

A.防火员

B.船长

C.轮机长

4.机舱内沾油的棉纱应放在(　　　)。

A.敞开的容器内

B.带盖的金属容器内

C.随处都能放

5.载运危险货物船舶的船员,应当持有(　　　)颁发的适任证书和相应的培训合格证,熟悉所在船舶载运危险货物安全知识和操作规程。

A.主管机关

B.船厂

C.海事管理机构

6.船舶需进行明火作业时,其不属危险区域的舱室内,以作业点为中心、(　　　)m为半径的空间为明火作业环境考察区域。

A.15

B.10

C.5

7.船舶在港口以外水域需要进行明火作业,须经(　　)批准。

A.部门长

B.船长

C.轮机长

8.船舶需进行明火作业时,其危险区域的开敞甲板,从作业点向首尾延伸(　　)m,以船舶宽度为界,向下至平台或甲板,向上的柱形空间为明火作业环境考察区域。

A.10

B.15

C.20

9.在船舶上,应(　　)对灭火器、消防设备进行检查,并做好记录。

A.每天

B.每周

C.每月

10.船舶应按(　　)及其修正案、船舶所入船级社的规范要求和船旗国的规定配备消防设备和器材。

A.《1973年国际海上人命安全公约》

B.《1974年国际海上人命安全公约》

C.《1975年国际海上人命安全公约》

二、判断题

1.船员个体素质的提高,是提高船员整体素质的前提,船员整体素质的提高有利于做好船舶防火与灭火工作。(　　)

2.船舶承运危险货物必须按《国际海运危险货物规则》正确合理配载。(　　)

3.在厨房内烧煮食物时,如临时有事需要离开一会,可不必关闭炉灶电源。(　　)

4.船员可用纸张或布料制作住舱内台灯灯罩。(　　)

5.航行中,为防财物被盗,应锁门睡觉。(　　)

6.船舶消防安全工作必须贯彻执行"预防为主,防消结合"的方针,实行防火安全责任制。(　　)

7.船舶需进行明火作业时,其不属危险区域的舱室内,以作业点为中心、15 m为半径的空间内为明火作业环境考察区域。(　　)

8.在船舶上,安全通道、应急通道、逃生孔必须保持畅通,照明、应急照明保持良好。(　　)

9.在船舶上,自闭式防火门必须保持正常使用状态,禁止人为将其长期固定并敞开。(　　)

10.在船舶上,烟头、火柴梗必须随手熄灭并放入注水的烟灰缸内,不得随地乱扔,更不能向舷外乱扔。(　　)

任务六 船舶火灾案例分析

一、事故概述

2018 年 3 月 6 日,天气晴朗,当地时间约 1945 时,新加坡籍集装箱船 Maersk Honam(以下简称 MH)装载 7 860 个集装箱,自新加坡前往苏伊士运河途中在阿拉伯海(距印度洋西海岸 900 n mile)发生严重火灾事故,起火点位于 3 号货舱。船上 27 名船员全部投入灭火行动,开始进行边界冷却,随后向货舱施放二氧化碳,但灭火没有成功。船员发出遇险信号,最终于 2215 时弃船。

由于大多数证据被大火烧毁,调查组无法最终确定起火原因。但是,有证据表明,3 号货舱所载的 SDID(二氯异氰尿酸钠二水合物)已经分解,这些证据包括船员在火灾开始时所经历的呼吸困难,以及因氯气气味导致刺激性和不适的感觉。由于 SDID 被集中积载,加剧了其自热反应热量的聚集。除了调查起火原因之外,调查还涉及船员应急响应、船舶应急响应计划的适当性,以及船上防火和灭火设备的设计。

尽管船员在紧急情况下表现出了相互照顾和挽救生命的良好努力,但值得注意的是,在火灾开始时并未发出火警警报,从而导致生活区的电磁防火门延迟关闭,并且生活区的外部通风孔没有关闭。因此,导致有毒烟雾进入生活区并迅速蔓延。

应变部署表没有清晰地明确每一名船员的角色,这导致在应急响应时,一些船员需要等待指令。调查还发现,船舶应急计划下的灭火流程图不能确保关闭船上所有通风/防火挡板,无论火灾发生在哪里,关闭通风都是主要的灭火措施之一。调查组还注意到,由于高温和浓烟,关闭 3 号货舱舱盖侧面的所有通风是一个挑战。

此外,调查发现,IMDG Code 未对由于 SDID 化学分解和不稳定性而引发的次生危险进行识别。这是因为,尽管 SDID 化学性质与 5.1 类(氧化性物质)相似,但已归类为 IMDG Code 中的第 9 类,而不是更严格的 5.1 类。

二、事故原因分析

1.烟雾警报的可能原因

IMDG Code 规定了危险货物的积载隔离方式。调查组获得的证据表明,MH 船上装载的货物遵循 IMDG Code 相关装载和隔离规则,总的来说船舶在新加坡装卸货期间没有任何问题。

约 1945 时,3 号货舱发出了烟雾警报,随后船员报告看到"白色烟雾从 18 贝中间后部发出"。根据 MH 的货物装载清单,3 号货舱共装载了 59 个集装箱的 9 类货物,其中 54 个集装箱装有 SDID。由于 3 号货舱附近几乎所有证据都被大火严重损坏,调查组综合分析从获救者那里获得的信息、VDR 和 CAMS 的记录、从消防专家那里获得的信息,也包括货物清单,认为可能由于以下原因触发了 3 号货舱烟雾报警器。

（1）托运货物的错误申报

公司在事故发生后对申报的物证进行核查，未发现任何虚假申报的证据。火灾调查专家对货舱内的证据进行了挖掘也没有获得任何错误申报证据。这是基于对SDID附近为惰性无反应的干货的检查，该干货不会自身反应发出热量（或发生其他类型的不良反应）。据化学品安全技术说明书所述，氧化物的分解可能会在高于50℃的温度下发生，而完全分解则会在240℃的条件下发生。回顾火灾的初始阶段，船员没有闻到燃烧的气味，也没有发现灰/黑烟或火焰的迹象，调查组认为从其他货物引发热量的可能性很低，因此认为错误申报可以被排除。

（2）电器火源

根据火灾调查专家对电气残余物进行的检测和测试，电器火源不是引起火灾事故的最初原因。

（3）燃油舱

火灾调查专家考虑到在其姊妹船上进行的温度监测实际情况并未显示出因燃油舱温度变化而导致货舱温度发生明显变化，排除了燃油舱为热源的可能。

（4）附近的其他货物

例如第5.1类和第9类由于生活区前部货舱损坏严重，火灾调查专家无法从集装箱的残骸中准确识别出起火点。注意到其他第5.1类和第9类货物的化学性质（例如，非氯或不稳定而分解），将附近其他货物作为起火源的可能性非常低。

（5）SDID的自我分解

注意到SDID可能在较低的温度（低于50℃甚至更低）下自我分解，如果SDID以较大尺寸包装并集中装载隔离，将直接导致这样的结果。起火源来自SDID的自我分解是可能的。

通过对事故现场的清理，看到SDID货物明显燃烧和损毁的痕迹，结合船员报告最初闻到氯气气味以及与严重漂白工作服的关联性，很可能3号货舱（集中积载模式，自船舶中心线向右）SDID货物的完整性在事故开始时已经损坏，因此导致3号货舱中产生热量。

3号货舱受损的SDID释放出有毒气体，触发了烟雾警报。也应注意到船员对于闻起来像氯气或漂白剂的气味，最初认为可能是来自洗衣房。

当货舱温度增加而不能及时探测到，或由于探头位置的原因，货舱底部温度不能被有效探测到，这可能是危险的，并导致情况迅速恶化。因此，调查组认为，及早发现3号货舱温度升高会给船员更多的时间来应对这种情况。严格来说，货舱中的感温探头并联接到船上的固定式火灾探测系统将有助于对即将发生的情况进行预警。

类似地，为指定装载IMDG Code货物的集装箱，安装独立的合适的消防装置（针对IMDG Code货物类别）是可取的。当集装箱内的温度超过预设范围时，消防装置开始工作，可以更早地预警，让形势变得更加可控。调查组指出，这样的规定有其优点，例如：防止热量或火势蔓延，因为在热量传播到货舱内的其他集装箱前，每个在货舱内装有消防装置的集装箱都可以充当缓冲区；减少对船舶固定式消防系统或船员介入的依赖（这是最后一道防线）。

调查组还指出，这样的设备必须被适当安装、检验和维护才能有效。检查和维护不在承运人的法定要求范围之内,需要主管部门(缔约方政府)在批准程序中解决,以证明集装箱安装的消防设备有效。

2.货物的分类和配载

如前所述,IMDG Code 特别条款(SP135)允许将 SDID 声明为第 9 类(UN No. 3077)。这可能是由于较低的氯含量(含6%比 UN 2465 中的低)和较低的氧化属性在历史上被认为风险较小。但是,必须认识到,SDID 具有的主要危险和次要危险没有被现行的 IMDG Code 涵盖,SDID 可能在较低温度下发生化学分解,这在船上很容易发生。

装载 SDID 的 54 个集装箱堆装成一个单一的大立方体形状,横跨 17 贝和 19 贝,从 00 列、01 列、03 列、05 列到 07 列,层数为 02 层、04 层、06 层、08 层和 10 层。此外,有 4 个 40 尺的箱子直接装载在 12 层的 01 列、03 列、05 列和 07 列。据火灾调查专家的意见,货物在这个区域发生分解反应,预期表现出来的状况,便是船员最初观测到烟大致来自这个区域。

火灾调查专家评论说,SDID 的测试结果是针对相对较小的包装尺寸得出的,并补充说,标准的 20 尺集装箱可以容纳 20 个 1 Mt 的巨型袋,当堆装在一个集装箱中时,可以视为一个装载 20 Mt 的大包装容器(比典型的 50 kg SDID 货包装桶大 400 倍),实际上是一个由横跨 17 贝到 19 贝的 54 个集装箱组成的、超过 1 000 Mt SDID 货物的超大长方体。

火灾调查专家还指出,失控的分解反应开始时的温度可能会大大低于 100 ℃,并且在某些情况下(尤其是涉及货物数量多时)温度可能会降得更低,可能是货舱的实际温度。火灾调查专家进一步指出,过量水分的存在(由于潮湿的环境,偶然的弄湿或复杂机理的游离水或通过积载产生的水解物)不仅会降低自加速分解温度 (SADT),而且会导致局部温度升高。局部温度升高与自加速分解温度降低相结合,即使在温和的环境条件下,也可能为引发失控反应创造条件。火灾调查专家也表述了这种可能性,货物在生产时就含有不相容的杂质或水分,或者在之后的处理、包装或集装箱装箱时,货物的分解反应可能已经开始,起初缓慢,但在海上航行时货物分解反应加快。

因此,调查组认为重申审查特别条款(SP 135)是值得的,应审查 SDID 运输条件和其运输中产生的次要危害。

托运人必须采取合理步骤,以确保生产的 SDID 稳定并满足 IMDG 的包装要求。尽管如此,承运人也必须采取合理的步骤来确保 SDID 包装符合要求。例如,适用与 CINS (Cargo Incident Notification System)推荐的次氯酸钙运输相似的要求,并考虑将此类货物积载在露天甲板上,避免阳光直射,以便以现有的水基消防设备提供更好的应急响应,降低船员的安全风险。

3.火灾的应急响应

(1)紧急警报的声音

当驾驶台货舱烟雾探测系统的面板发出烟雾警报时,大副立即通知船长的行动被认为是适当的。然而,无法认同大副为什么会发出一般警报而代替两种声响的火灾警报,大副陈述是因为应变部署表的规定和船长的指示。但是大副从值班水手(ASD-1)那确认 3 号货舱冒烟后依然没有发出火警警报,这就不可理解了。

同样,船长到达驾驶台后,也没有通过手动按钮发出火警警报(手动启动火警警报,可以在火灾的早期阶段关闭生活区电磁式防火门,延缓烟气进入走廊)。船长从大副手中接过指挥权,并通过公共广播系统宣布出现紧急情况。船员迅速集合达到了应急程序的要求。

(2)船上应变部署表规定的职责

MH 的应变部署在应急情况下的执行职责不包括二管轮。调查组注意到,船上的 27 名船员中有 11 名被分配担负"作为协助"的职责。这可能导致没有被指定职责的船员需要等待给指令,即被动响应。

生活区是船上的消防控制站和消防安全中心。因此,通过确保迅速关闭所有外部通风孔,充分保护生活区免受热量、烟雾和有毒气体的侵入是极为重要的。

尽管在船人员已经超出了最低安全配员证书上规定的人数,但这些人员依然是应急行动的主要力量,在紧急情况下依然可以开展应急行动。考虑到所有船员(包括实习生)在上船工作前,都经过了包括消防培训在内的基本安全培训,因此,MH 在编制应变部署表时应考虑到这一点,并指定这些人员的相应职责,如确保通风口、防火门和水密门在应急情况下被关闭的职责。

船员会对这种情况做出更好的反应,如果关闭通风的职责在应变部署表中已经被指定给没有任何特定职责的人员,这可能会增加关闭生活区和机舱 27 个外部通风孔的机会。

调查组认为,预先分配职责将确保迅速做出反应,同时有助于减轻船长或其他高级船员在紧急情况下不得不分配任务的负担。

(3)应变部署表职责的执行问题

根据应变部署表,二管轮作为后备小组的负责人应协助灭火组提供边界冷却,而不是协助轮机长(已经正在被电机员协助)在消防控制站计划施放二氧化碳。

船舶的"应急响应"流程图 06 货物火灾(货舱)和 05 货物火灾(甲板上)要求灭火队采取的行动,仅为"关闭货舱防火板"。同样,流程图 07 生活区火灾识别了关闭通风机的风门,流程图 08 机舱火灾识别关闭机舱的烟囱风门/天窗和生活区的防火挡板是要执行的任务之一。流程图的设计建议明显地被应急相应者理解为,仅需要在火灾发生的位置采取相应的行动。从本次事故来看,即使货舱发生火灾,关闭生活区和机器处所的通风机挡板/防火挡板对于保护船员也同样重要。

由于生活区距离火灾位置太近,通风没有被完全关闭,结果导致烟雾、有毒气体进入安全区域(例如机舱)、控制站(例如消防控制站)和安全中心(例如驾驶台)。及时关闭生活区和机器处所的通风机挡板/防火挡板,可以让船员有更多的时间和机会感觉舒适,并让船长重新思考有效的指挥和控制方法。

我们也应认识到,在 3 号货舱附近的烟雾和强烈热量增加了灭火小组识别 16 个自然通风孔正确位置的困难。灭火小组没有在正确的位置搜索,也没有被提供针对性的指示,如提供通风孔在控制图上的相关编号和位置。如果给灭火小组以针对性的指示,他们可以节约一些时间来寻找那些通风孔的位置。

调查组注意到,第二灭火组的成员之间(包括三副和三管轮)在应急处置的中途相互分开,因为三管轮选择待在船舶前部(烟雾较少),而三副必须独自返回到消防控制站更换呼吸钢瓶。三管轮决定待在船舶前部可能是担心受附近的烟雾和空气瓶影响在返回途中陷入困境。尽管如此,三管轮应该随三副一起返回,而不是走向船头方向并与其他船员分开(直到在弃船时得到二管轮的协助)。必须强调的是,团队成员应尽一切努力保持在一起,特别是当他们是消防/应急团队的一员时。

三管轮无法获得位于艉楼消防箱内的空气瓶,这是船舶航行于高风险的海盗区所采取的保安措施,将通往艉楼的通道锁上。无法确定三管轮为什么不能用消防斧(消防员装备的一部分)或任何其他手段打断挂锁。尽管三管轮无法打断挂锁,但是安保和安全在船舶上都很重要,考虑应该设计一种挂锁(例如,使用船员已知的密码锁)在紧急情况下可以被打开。

尽管 MH 上的主机已准备好,可由船长采取后续一系列行动,体系文件规定"在停止主机之前避开交通流、海岸或浅水区",但 MH 的速度在 2115 时已达 15 kn,主机停车则在 2130 时。在将近两个小时的时间里,船长试图减少烟雾对 MH 从事灭火船员的影响而前行维持艉向。无法确定为何主机不能更早停止(尽管车钟早在 2005 时已经调整为 Slow Ahead)。侧推器(船首和船尾)本可以用来帮助保持艉向,以最大限度地减少烟雾对生活区的影响。使用侧推器来保持艉向而不用航行维持艉向的方式可以考虑在船舶的应急反应手册中提醒船长。

4.灭火行动有效性和相关问题

面对不知道原因和来源的烟(烟由舱口盖板之间的缝隙以及打开的自然通风孔冒出),船长决定将二氧化碳施放到货舱中,即使在谨慎程度上有一点偏差,也是可以理解的。不幸的是,将二氧化碳施放到含有氧化物质(第 9 类)且部分未密封的货舱中(左舷的自然通风孔呈打开状态)几乎没有效果。

调查组注意到,IMDG Code 将危险品归类是基于主要危害而非次要危害。3 号货舱 54 个集装箱装载的 SDID,虽然被免除归为第 5.1 类(根据 SP 135)而被归为第 9 类,但该货物具有化学分解/不稳定性的次要危害,在当前的 IMDG Code 中未被辨识。

即使 SDID 被列为第 5.1 类,那么船员对其进行了适当的处理,向货舱灌水这样做仍然存在实际挑战。氧化物质的灭火行动按照紧急计划(EmS)的建议需使用大量的水,在当前的规范要求下,只能通过在舱口盖上开孔以插入消防皮龙。但是,这种应急行动不仅将需要额外的工具和更多的时间来操作(尤其是夜晚时间),而且会将船员置于危险环境中,这可能与紧急计划的建议相反。紧急计划建议在处理 SDID 火灾时,应将人们转移到安全的地方。

还应注意,MWM 是相对较重的设备(重 13 kg),要从储物间(位于上层甲板)搬运到火灾现场并进行装配。由于现场温度极高,并伴随有毒烟雾,迅速使现场的环境进一步恶化,这些实际困难可能是造成事故发生期间没有使用 MWM 的原因。

暴露在烟雾和热量中的船员表现出勇气和耐力来执行边界冷却任务,他们从底层甲板和驾驶台两翼向 3 号货舱喷出大量的水柱,以尽量减少热量和烟雾的影响。

尽管船员付出了很大的努力,但调查组意识到,目前没有法定要求需要货舱装备固定式喷水系统(特别是可以远程启动的)。调查组注意到各行业利益相关者的呼吁,关于 SOLAS 公约消防措施要求重新考虑。DNV-GL(事故发生后)所制定的标准/指南作为缓解风险的措施,尤其是考虑到该行业已经认识到这点。近年来,集装箱运输船的船舶尺度一直在增长,有些规范已经不满足要求。但是,必须认识到,在法律法规提出新的要求之前,应先解决操作风险,然后再进行改进。

该船的 IMDG DOC 允许将第 5.1 类和第 9 类货物积载在露天甲板和货舱。鉴于无法有效地用水进行货舱灭火的挑战,在修订法规规范之前,最好将氧化性危险品(以及那些具有化学分解二次危害的危险品)积载在甲板上,远离阳光直射,在甲板可以更有效地利用水灭火。CINS 已在 2019 年 11 月发布的文献中提出了类似建议,该文件包含船舶经营人基于危险货物风险的集装箱船积载安全注意事项。

5.应急过程的变化和弃船响应

船上从发生火灾到弃船的过渡可能并不明显(应该被包含在体系文件中),尤其是在 MH 发生这样级别应急反应的情况下。船上的情况可能会发生变化(在本案中变化是迅速的),需要回顾整个应急反应中的对策。

正如前面所讨论的,虽然不能肯定地确定 3 号货舱的火灾在什么阶段变得不可控制,但从整个灭火过程看,第一次向 3 号货舱施放二氧化碳可能并没有像预期的那样产生灭火效果。

在第二次施放二氧化碳之前,船长为了船员的安全决定召集所有船员到驾驶台,同时尝试灭火。虽然,船长正在考虑选择弃船,从以下可以明显看出,试图将烟尘远离生活区和救生艇(如果船员需要进入救生艇)以及随后发出的遇险信号,而船员是不知道弃船意图的。调查组认为,自从第一次警报响起直到确定弃船,如果船长能及时确认弃船时间,可能会更有效地分配资源为弃船做准备,如在灭火的同时释放救生艇和救生筏。

船长确定弃船考虑的因素包括:灭火队受热浪和烟雾影响无法关闭左舷通风;第一次施放二氧化碳后灭火失效;边界冷却困难;烟雾进入机舱激活水雾喷淋系统。

当向 3 号货舱进行第二次也是最后一次施放二氧化碳时,二氧化碳可能随着舱内的变化发生反应(听到了爆炸声,这可能是正常现象)。由于 3 号货舱没有完全密封,二氧化碳置换热量,烟气和有毒气体向上散出,并通过未关闭的通风进入生活区和驾驶台。

当有毒气体进入驾驶台时,驾驶台人员开始变得混乱,在此阶段,形成了不同的小组。船长组在前往救生艇之前曾在"O"号舱内避难,而其他三个小组则集合在去往机舱通道的后部。

可以合理地确定,MH 的船员分开时,3 号货舱散发的巨大热量已使甲板上的集装箱着火。

船员被分散成几组之后,船长用对讲机呼叫其他组的人,但没有得到回应。同样,其他组人员也记得试图与其他人员建立联系,但均未收到任何回应。

然后,调查组尝试用理论解释,手持对讲机在没有扩音器的情况下,船员是否有可能听不到船长呼叫。在应急情况下,无线电静默可能是原因但无法确定也不能排除,例如火灾附近的噪声,对讲机之间不在可听距离内(或设置在其他功能下)。

尽管 SOLAS 公约并未规定如何下达弃船命令,但应在应变部署表中指定列明命令的发出方式。应变部署表规定,弃船指令由船长口头下达,这是该行业普遍且广泛接受的实际做法。公司的应变部署表进一步规定,弃船指令应由船长亲自或通过无线电发出。

事发当天,船长没有向任何船员下达正式的弃船指令,除了第一组在"O"号舱内进行讨论,因为当时大家非常恐惧。虽然公共广播系统与应急电源相连,但离船长最近的公共广播系统位于已经撤离的驾驶台。

船上的电话已连接到应急电源,并具有公共广播功能。虽然可以使用电话宣布弃船(最后一刻试图宣布弃船),但很明显,此时,在"O"号舱内,第一组成员之间充满了恐惧。船员的恐惧程度从情绪失控到想象最坏的情况。对于负责照料舱内人员安全的船长而言,其精神负担过重也是合理的。在这种情况下,船长在合理尝试用对讲机与其他船员联系后,与第1组人员选择弃船行动被认为是合理的。对于公司而言,最好在应变部署表中提醒其船员包括使用该船的电话来宣布弃船,特别是在工作量大和压力大的情况下是合理的。

当船员分开时,没有人能预知其他船员在或不在,在哪个小组。在这种情况下,为了安全起见,船员不得不在机舱附近寻求庇护或弃船。从油漆工的行动可以明显看出这一点,在船尾的油漆工装备救生圈跳入水中。在这种情况下,许多船员为拯救他人所做的努力是值得称赞的。

船长操纵救生艇在 MH 附近营救船员的行动是重要的,符合海员的通常做法。

6.船舶设计

双岛设计型集装箱船将生活区和驾驶台模块放置在船的前部,以最大限度地提高载货能力,并为船员在集装箱大型堆码前提供更好的视野,这似乎还可以提供一道屏障有助于防止火势蔓延到船尾。这样的设计还有助于防止损失进一步扩大,并有更多的时间等候协助船舶到来灭火。

3 号货舱被设计用于装载冷藏集装箱,并因此配备了附加的通风措施,该措施由 32 个自然通风孔和两个排气通风机组成。尽管没有为该货舱内的冷藏箱连接供电,但是调查组无法确定通风盖板保持打开状态的原因。

无论如何,如果 MH 装载冷藏箱,这些自然通风必须保持打开状态。因此,调查组分析了安装在舱盖上的自然通风设计的适合性,在面对没有热或烟的情况下关闭。进一步认识到,即使灭火小队(AT-1)设法关闭了交叉甲板上的机械通风,还要花费他们大量的时间和精力来关闭舱口盖上的 16 个自然通风孔。在面对热浪和浓烟的同时,要穿着消防员装备空气瓶,蹲在集装箱下方,同时考虑到通风孔的设计、重量和位置。

尽管获得了船级社的认可,但自然通风孔的设计可能没有考虑在紧急情况下是否可以迅速关闭它们。如果安装了遥控通风盖板,则可以使用远程快速关闭通风以降低不能及时安全关闭的风险。同样,如果在定期审核期间进行了一次紧急演习,包括关闭这些通风孔,则将发现关闭这些通风孔的困难,并且可以采取适当的控制措施。

船旗国考虑要求在临时和定期审核期间进行紧急演习,以识别船舶投入运行早期阶段的潜在风险。

7.货物订舱程序

货物订舱过程(托运人)的准确申报,对于防止危险货物引起的不当积载非常重要。

为了弥补货物订舱过程中的任何漏洞,强化筛选过程,在申报单中实施关键字提取而不要依靠扫描文件(扫描文件的方式让查询变得困难)。因此,理想情况是,在货物订舱过程中,有一种技术手段可以摘录申报装船货物的主要特性。有这样的手段并不一定消除错误的申报,但可以帮助减少这种可能性。

尽管没有证据表明错误申报货物导致 3 号货舱起火,但调查组注意到,当前行业的货物筛选过程无法确保托运人基于信任进行申报,也就是说托运人描述的货物与集装箱内的货物不一定匹配,如果选择人工筛选找到不匹配货物,需要大量的人力且过程可能会很烦琐。

8.其他发现

在白天,开展预先计划的演习会相对有利,可以在船员之间设计一些错误的或想象的场景来完成,使应急演习更有效。尽管认识到演习可能无法为船员来预测每种意外情况,但船员需要认识到紧急情况随时可能发生,例如,MH 事故即发生在夜间。在安全可行的情况下,高质量的消防响应和逃生行动应在晚上进行模拟。

为保证船舶应急计划的有效性,应允许查明漏洞并进行修改或合适的改变,例如用简单的计划(挂图),以显示要由相关人员关闭的通风数量和位置,标出从危险位置逃生的可选/其他逃生路线等。

在固定式二氧化碳灭火系统上提供的详细说明旨在确保系统被正确操作,但这样的详细信息对于紧急情况下的操作者来说可能过于复杂。尽管没有证据表明二氧化碳施放说明书不明确或妨碍了 MH 的消防响应,但必须努力简化用于紧急情况的说明书。

注意 3 号 LS/DB WBT(S)的位置就在 SDID 货物正下方,烟雾警报后的几分钟内出现了一个高级别警报。火灾调查专家认为这很可能是 SDID 分解反应的直接结果。

三、调查结论

根据收集到的信息,调查结果如下。调查结果不应被理解为对任何特定组织或个人的刑事的或民事的责任分摊。

1.大多数证据已被大火烧毁,因此无法确凿地确定起火原因。但是,由于在事故开始时发现有氯气气味烟雾,所以可能在 3 号货舱装载 SDID 的一个或多个集装箱由于 SDID 的自身分解反应而陷入危险。SDID 的集中积载进一步加剧了反应速度和热量产生,导致火势无法控制。

2.放热分解的实际温度比托运人通常声明的温度低得多,并且托运货物中存在水分和 9(或)SDID 的大包装集中积载进一步降低了起始反应温度。

3.SDID 在游离水或杂质存在下易于放热分解的特性,必须认真考虑这种分解可能是货物本身固有特性直接引发的可能性。

4.IMDG Code 的特殊规定(SP135)允许 SDID 按第 9 类(UN No.3077)货物运输,因为未认识到该货物的潜在热不稳定性,这可能是由于将近 40 年的传统运输要求所致。结果,尽管 SDID 存在次生危害,仍积载在货舱,货舱内主要的固定式灭火手段为二氧化碳,但二氧化碳对于 SDID 引发的火灾是无效的。

5.注意到 SDID 所呈现的次要危害未在 IMDG Code 的现行条款中涵盖,因此需要对 IMDG Code 的条款进行回顾。在此期间,可以考虑采用类似于 CINS 确定的针对次氯酸钙所采取的措施。

6.尽管灭火的紧急集合迅速开展,但船员并未发出火警警报,而是发出了一般警报。

这导致电磁防火门延迟关闭。船员无法关闭 3 号货舱的自然通风,部分原因是浓烟和热,部分原因是没有给他们指定自然通风孔的特定位置。未关闭的通风导致 3 号货舱在施放二氧化碳之前未被完全密封。

7.船舶应急响应计划下的流程图设计不要求在货舱着火期间关闭生活区的通风机挡板/防火挡板,而这导致大量烟雾进入生活区。

8.一些船员未在应变部署表中被分配任务。这些船员本可以被分配特定的任务,例如关闭机舱的通风,生活区的通风机挡板/防火挡板。

9.船长为尽量减少生活区周围的烟雾,以使用主机维持和控制艏向的方式是无效的。可以考虑使用侧推器来保持艏向,以最大限度地减少烟雾对生活区的影响。

10.扑灭 SDID(氧化剂)火,需要使用大量的水,考虑到现有的法规规范,对于货舱内集装箱火灾的消防措施和法定要求,这种方法无法迅速实现。应该考虑采用诸如由 ABS 和 DNV-GL 制定的标准/指南作为缓解风险的措施。无论是否修改了法定要求,应考虑将具有氧化特性的危险物品(如 SDID)积载在甲板上,避免阳光直射,如发生火灾,可以更有效地利用水。

11.在试图扑灭大火的同时弃船,尽管存在触发弃船的诸多因素,例如过热和浓烟、首次注入二氧化碳失效、边界冷却的局限性、烟进入并触发水雾喷淋系统启动。但是,在弃船时更好地分配资源方面存在延迟。

12.当船员在驾驶台混乱之后被迫分开时,他们不得不寻找方法弃船以确保各自的安全。尽管以小组行动,但在这种情况下,许多船员为挽救他人所做的努力仍值得赞扬。

13.当使用手持式对讲机无法与其余船员联系时,该船的传呼设备可以用来传达船长放弃船的意图。

14.考虑到舱口盖上自然通风封盖的设计、重量和位置,即使船员穿着消防员装备和装备空气瓶设法找到并到达了通风孔,但在面对高温和浓烟的情况下仍需船员花费大量时间和精力关闭它们。如果为自然通风封盖安装了遥控关闭设备,则可以远程快速关闭来减小这种风险。此外,如果在定期审核期间进行紧急演习,可能会发现与该设计相关的风险。

15.健全货物订舱筛选程序的主要目的是最大限度地减少堵塞错误申报的漏洞,错误申报会给船舶、船员和货物带来风险。那么,这样的技术手段可以提取装船货物的主要属性。

四、安全措施

各利益相关者采取了以下安全措施。

1.航运公司

(1)立即禁止载有 IMDG 货物的集装箱积载在双岛型船的生活区和机舱的前部和后部。

(2)在所有船舶上进行的广泛消防演习导致对应急响应程序进行了审查和修订,严格遵守应变部署表。

（3）修订了应变部署表，包括在适当的情况下使用船上电话的传呼功能来宣布弃船。

（4）修改了应急流程图，以提示船长评估并优先关闭船上相关通风、机舱天窗、生活区的通风机挡板/防火挡板。例如，轮机长已分配关闭相关通风的任务。

（5）在大船上有更多的消防员装备，在双岛型船上有更多的备用空气瓶和更大容量的救生筏。

（6）审查了高级船员的培训和评估方案。

（7）与内部和外部利益相关者合作，开发新的基于风险的积载规则以更好地适于IMDG货物。

（8）加强了以安全积载为重点的内部IMDG货物验收程序，建立了扫描工具，以便更好地发现未申报或错误申报的货物，评估了在未来的新建船舶和现有船舶上进行技术设计更改的可能性。考虑的重点领域是货舱防火挡板的设计（使响应更快）、生活区的通风布置以及喷淋系统的安装。

2.船旗国

认识到集装箱船上现有的防火、探火和灭火布置可能不足以为船员提供必要的能力来遏制和扑救货舱或甲板以上的集装箱火灾，并注意到迫切需要确保集装箱船装备齐全，船旗国政府向国际海事组织（IMO）提交了一份联合文件，以评估防火、探火和灭火布置的适当性，以期通过形成的目标导向标准来修改SOLAS公约和FSS规则。

项目九
船舶灭火原则及要求

必备知识

为了保障船舶灭火行动有序进行,必须做好船舶灭火的应变部署工作,使全体船员明确特定的岗位和职责,做到既有统一指挥,又有分工合作,将火迅速扑灭。

一、灭火的基本原则

1.先控制,后消灭。灭火时只有控制住火势,不使其扩大蔓延,才能为很快地扑救火灾创造条件。

2.先探明火情,后采取行动。灭火行动实际上就是一场战斗,只有对"敌人"的情况做到心中有数,才能取得战斗的胜利。不探明火情,就盲目采取灭火行动,是不会取得理想效果的。

3.彻底扑灭余火。火被扑灭后,必须仔细检查,消灭余烬,以防死灰复燃,必要时派专人看守火场。

4.灭火没有希望时,应采取抢滩或弃船的措施。

二、船舶灭火程序

1.发现者的行动

任何船员在船上发现火灾,都要保持镇静并立即大声呼叫报警,迅速按下附近的手动火灾报警按钮发出警报。发现火灾时,不论火势多么小,除非确有把握,使用单个灭火器可将火迅速扑灭,否则在发出警报前,发现者不应试图先去灭火。发出警报后,若着火点范围小,应立即取用附近合适的灭火器材,针对火的类别进行施救,力争能控制火势蔓延;若火势较大,个人没能力将火扑灭,应尽可能坚守现场,监视火情发展,采取一切必要措施对火势进行有效控制,如关闭门窗及通风系统、切断电源、疏散易燃易爆物品、用水冷却火场周围舱壁和甲板等。如可能,向驾驶台报告起火的地点、火的种类和范围、已采取的措施及其效果。

2.驾驶台的行动

驾驶台在接到报警后,首先应用汽笛或警铃向全船发出消防警报,同时可用船令广播播报失火地点,关闭驾驶台所能遥控的通往失火场所的所有通风系统。然后通知机舱备车,采取转向、减速、停车或倒车等措施操纵船舶使失火地点处于下风,防止火势蔓延。正确显示相应信号。在适当的时候将火灾发生的时间和地点、火的种类、发现者的姓名以及当时的船位等内容详细记入航海日志。

3.全体船员的行动

(1)听到警报后,船长应立即到驾驶台,指挥全船的灭火行动。所有船员(除航行值班人员之外)要按照消防应变部署表指派的任务,穿戴好个人防护用品,携带消防器材,在2 min内奔赴指定的集合地点,听候船长的统一指挥,在现场指挥(大副或者轮机长)的指挥下展开扑救工作。消防水带应在警报发出5 min内出水。

(2)扑救船舶火灾应按照火灾的发生部位和火灾的性质,根据船舶消防应变部署的要求进行。消防应变中如发现有人员受伤或者被困,应立即向现场指挥报告。现场指挥则立即向总指挥报告,总指挥根据当时的具体情况下令调整原定部署,立即展开救助受困人员的行动,在任何情况下救助人命都是重中之重。

(3)在救火应变的过程中,全体船员必须团结一致,同舟共济,协同作战。要在思想上做好可能弃船的准备。当救火转入弃船时,船员应立即到达弃船应变岗位。

(4)在救火应变过程中,当船舶火灾失控后,殃及机舱,焚毁救火动力、灭火管系,且火势蔓延至整个上层建筑时,船长应下达弃船命令。

(5)弃船命令发出后,部署表内指定的人员应分别携带所分管的如下各项物件,并负责保存:

①船舶航海日志、轮机日志以及车钟记录簿等。

②船具目录。

③各项船舶证书及机密文件。

④现款及账单。

⑤精密仪器等贵重物品。

机舱值班人员应在得到船长两次完车通知后方可离开岗位。如遇车钟损坏,则以口令宣布。船长、政委必须在全体旅客及船员离船后,再离船。

4.灭火后的行动

在确认火被完全扑灭后,应彻底检查整个火场及周围,不留任何火灾隐患,安排专人留守火场进行防复燃巡视。采取必要的通风换气、排烟、排水和降温等措施。规整消防器材和消防系统。认真总结经验和教训,认清自身的不足,积极整改并予以落实。

🔊 **要　点**

对船舶火灾进行扑救时,发布命令、具体动作的先后顺序和时间,必须遵照正确的程序进行,这样才能保证灭火的各项工作有条不紊地进行。

思考题

1.灭火时要遵循哪些原则?

2.船员发现火灾后应采取哪些行动?

3.简述灭火程序的实施过程。

4.灭火后还应采取哪些行动?

练习题

一、选择题

1.船舶灭火时,在弃船命令发出后,部署表内指定的人员应分别携带所分管的( )物件,并负责保存。

①船舶航海日志、轮机日志以及车钟记录簿等;②船具目录;③各项船舶证书及机密文件;④现款及账单;⑤精密仪器等贵重物品

A.①②③

B.②③④⑤

C.①②③④⑤

2.弃船命令下达后应( )。

A.船员和旅客同时撤离

B.船舶领导、船员先撤离,然后是旅客

C.旅客先撤离,然后是船员,最后是船舶领导

3.灭火的基本原则是( )。

A.集中船员奋力扑救

B.准备好消防器材再扑救

C.先控制火势,再组织扑救

4.火灾形成时应( )。

A.集中船员奋力扑救

B.准备好消防器材再扑救

C.先控制火势再组织扑救

5.正确部署灭火方案,针对火的类别确定实施有效的灭火方法的前提是( )。

A.先控制后消灭

B.察看火情

C.指挥员的能力

6.船员到达火灾现场后就应( )。

A.组织大家扑救

B.查明火源火情再扑救

C.集中消防器材再扑救

7.船员在船上发现火灾时应( )。

A.立即救火

B.切断通风

C.大声呼唤报警

8.船舶火灾中要尽可能把一切通风系统(　　)才能制止火势蔓延。

A.关闭

B.打开

C.半开半闭

9.船舶发生火灾后,若是一般物质起火或起火范围不大,发现人员应先(　　)。

A.用灭火器灭火

B.报警

C.关闭通风

10.灭火时,消防员都应站在(　　)。

A.上风操作

B.下风操作

C.顶风操作

11.火灾时,驾驶员应操纵船舶使着火部位处于(　　)。

A.下风

B.上风

C.顶风

12.火警信号发出后,驾驶台应将火灾发生的(　　)记入航海日志。

①时间;②准确船位;③火灾种类;④地点;⑤发现者

A.①②③

B.②③④

C.①②③④⑤

13.船舶一旦起火,此时船员应(　　)。

A.穿好救生衣准备逃生

B.听从指挥奋力扑救

C.施放救生艇再救火

14.火警信号发出后,消防水带应在(　　)。

A.5 min 内出水

B.6 min 内出水

C.8 min 内出水

15.当火灾灭火没有希望时,应采取(　　)的措施。

A.抢滩

B.弃船

C.抢滩或弃船

二、判断题

1.弃船信号发出后,机舱值班人员应在得到船长两次完车通知后方可离开岗位。如遇车钟损坏,则以口令宣布。(　　)

2.只有控制住火势,不使其扩大蔓延,才能为扑救火灾创造条件。(　　)

3.船舶发生火灾后,人员到位,现场指挥就可以组织人员灭火。(　　　)

4.船员发现大型火灾时,首先要报告值班人员,并立即寻找消防器材进行扑救。(　　　)

5.船员发现船上大范围火灾后,应立即奔向出事地点,迅速扑救。(　　　)

6.灭火时,不管使用何种灭火器,操作者都应站在下风。(　　　)

7.船舶发生火灾后,立即减速、停车,并操纵船舶使火灾部位处于上风。(　　　)

8.航行中,船舶发生火灾,应减速或转向,使失火部位处于下风。(　　　)

9.船舶发生火灾时,驾驶员应立即发出火警信号。(　　　)

10.当船舶火灾失控后,殃及机舱、焚毁救火动力、灭火管系,且火势蔓延至整个上层建筑时,船长应下达弃船命令。(　　　)

任务二　船舶灭火战斗行动要求

必备知识

船舶自救灭火要统一指挥,协同作战,坚持救人重于救火,侦察先于施救,先控制、后消灭的原则,灵活运用堵截包围、周界冷却、控制通风、搜索救助、重点突破、逐片消灭等手段,充分发挥全体船员的智慧和船舶消防设备的作用,速战速决,尽快消灭火灾。

一、做好搜索侦察

火灾能否被迅速有效地扑救,在很大程度上取决于灭火施救措施是否正确。而施救措施正确与否,又与火灾的搜索侦察有很大的关系。因此,火场搜索侦察的目的就是通过各种侦察手段,查明火场的具体情况,以便采取正确的措施而迅速扑救火灾。

在实施灭火行动前,灭火指挥员要根据实际情况,亲自或组织搜索侦察小组,深入火区进行实地侦察,对搜索侦察人员必须采取可靠的安全措施。

1.搜索侦察的主要任务

(1)查明是否有人受到火场的威胁,以及他们的所在地点。

(2)查明火灾特点、燃烧物的性质、燃烧的面积和范围、火源地点、火势大小以及可能蔓延的方向。

(3)查明有无危险品处于火灾危险中。

(4)查明火场的气流情况,通向火场的门窗、通风设备等是否都已经关闭。

2.搜索侦察的要领

(1)船上发生火灾,往往首先产生大量浓烟,进入充满浓烟的舱室搜索必须穿戴消防员装备。由于浓烟中的能见距离很小,最好携带防爆照明灯和铁锹等工具。

(2)进入舱室搜索时,应两人一组,耐火救生绳的一头系在进入火场的消防人员身上,另一头由另一人在舱室外牵住并随时保持联系,以策安全。

（3）进入着火的舱室内进行搜索侦察时,要穿好防火衣,或者用水浇湿衣服或披上浸湿的毯子等。

（4）进入着火舱室后,应沿舱壁以一只手的手背触摸前进,以便在触碰到破损的电线或者其他带电物体时,会潜意识地将手甩开而不会去抓紧电线;另一只手应以手背向前放在脸部的前面上下移动,以保护面部。

（5）为了防止跌入甲板上的孔洞中,应将身体重心保持在后腿上,曳步前进。

（6）应时刻注意退出的道路是否会被封住,同时还要注意顶上和周围的情况,以免被倒塌下的物体砸倒或压伤。

（7）侦察的顺序如下：

①先搜索门后。

②沿舱壁搜索舱室的四周,如遇家具或障碍物,应搜索其顶部和背后。

③将舱室的中间部分分几次或者按"Z"字形来搜索,间距的大小视烟雾的浓度和能见距离而定。

（8）在搜索侦察过程中如不幸被困在舱内,不要惊慌叫喊,应坐下或卧下休息,以节约空气瓶内的空气,等候救援人员前来营救。当救援人员到达时,可敲击舱壁、器物或者拍掌以指示自己的位置。

（9）进舱搜索、抢救被困人员时,要注意出入口和易于隐蔽、躲藏处,以及门窗附近。如火场通道被切断,成年人一般聚集在窗、门口附近,而小孩往往躲在桌子、床和其他物件下面。夜间搜索的重点是在床上及床铺附近。抢救人员的工作通常应与灭火工作同时进行,但如力量不足,则应首先抢救人命。

（10）在火灾的威胁下,人们往往神志不清,甚至失去知觉,因此,撤离或搬运伤员时必须根据具体情况决定具体方法,必要时应用水雾掩护撤离。

（11）撤出火场后应立即对受伤人员进行急救、保暖,妥善照顾。

二、组织灭火力量

1.将配备必要的消防装备、战斗力强且有一定专业知识和灭火技能的人员组成精干灭火力量部署在灭火的主攻方向上。

2.组织一定的力量进行外攻,对燃烧舱室的四周及上下用水进行冷却和必要的防护,防止火灾蔓延。

3.根据火势的大小、火灾性质合理使用各种灭火器材,高效固定灭火系统（二氧化碳、干粉、泡沫等）是否使用由船长决定。

三、选择合理的进攻路线

所选择的船舶灭火的进攻路线,必须能够尽快到达燃烧的部位,占据有效控制火势蔓延的地点。

四、明确规定任务

扑救船舶火灾的任务艰巨而复杂,火场指挥员要加强统一领导,组织好协同作战。同时,为了加强前沿指挥,可根据抢救人命、疏散物资、控制火势、扑救火灾的需要和灭火力量的实际情况,利用船上的自然条件,划分战斗区域(片),规定各战斗队(组)的具体任务。

火场指挥员给所属人员规定任务时,应明确:

1.战斗队(组)的任务及其实施手段。

2.进攻路线。

3.遇到意外情况的处理方法。

4.安全注意事项。

五、灭火中的注意事项

1.用水灭火时,避免盲目射水和过量射水,以防破坏船体强度和影响船舶稳性。

2.防止和控制失火舱室的热传递对相邻舱室的影响。

3.对进入失火舱室灭火的人员,要采取有效的防护措施,防止中毒、灼伤、溺水等意外事故的发生。

4.保持对内、对外的通信联系,并将详细情况记载在航海日志中。

必备知识

火灾事故发生后,船长应按以下要求填写火灾事故报告:

(1)事故日期和地点;

(2)船舶种类;

(3)船舶主要尺度(两柱间长、总吨位及推进机械种类等);

(4)船位(并注明在航、在港装卸货、在港修船、装燃料等);

(5)建造及改建年月;

(6)货物种类;

(7)是否有航线限制;

(8)失火时间及海况;

(9)失火部位;

(10)失火的可能原因;

(11)船舶损坏情况;

(12)伤亡情况;

(13)船舶结构防火情况;

(14)探火设备情况;

(15)灭火设备情况;

(16)船上船员、旅客及其他人员数量;

(17)在灭火中已使用的消防设备的效能；

(18)船员采取的灭火行动的效果；

(19)控制火灾及扑救火灾的时间；

(20)灭火中得到的外来救助；

(21)失火及扑救情况说明；

(22)其他情况。

🔊 要　点

船舶在营运过程中发生火灾时，由于扑救的条件比陆地差，所以如果扑救不当，造成的损失也可能很大。为了使船舶救火工作有秩序地进行，必须做好船舶救火的应变部署工作，使全体船员明确特定的岗位、职责，既有统一指挥，又有分工合作，迅速扑救火灾，将损失减至最低程度。

📚 思考题

简述灭火行动的基本要求。

⭐ 练习题

一、选择题

1.利用水灭火应注意船舶的(　　　)。

A.长度

B.稳性

C.火势

2.船舶灭火时,搜寻被困人员的顺序应是(　　　)。

①先搜索门后；②沿舱壁搜索舱室的四周,如遇家具或障碍物,应搜索其顶部和背后；③将舱室的中间部分分几次或者按"Z"字形来搜索,间距的大小视烟雾的浓度和能见距离而定

A.①②③

B.②③①

C.③①②

3.火场指挥员给所属人员规定任务时,应明确(　　　)。

①战斗队(组)的任务及其实施手段；②进攻路线；③遇到意外情况的处理方法；④安全注意事项

A.①②③

B.①②④

C.①②③④

4.船舶火灾事故发生后,(　　　)应按一定要求填写火灾事故报告。

A.船长

B.大副

C.轮机长

5.下列各项中属于船舶火灾事故报告内容的有( )。

①事故日期和地点;②船舶种类;③船舶主要尺度;④船位;⑤船舶建造及改建年月

A.①②③④

B.②③④⑤

C.①②③④⑤

6.为防止破坏船体强度和影响船舶稳性,救火时应( )。

A.使用二氧化碳系统灭火

B.使用干粉系统灭火

C.避免盲目过量射水

7.船舶发生火灾时,高效固定灭火系统(二氧化碳、干粉、泡沫等)是否使用由( )决定。

A.现场指挥

B.消防队队长

C.船长

二、判断题

1.搜索中发现伤员,应立即把伤员抢救出火灾现场。( )

2.船舶灭火时,将配备必要的消防装备、战斗力强且有一定专业知识和灭火技能的人员组成精干灭火力量部署在灭火的主攻方向上。( )

3.船舶灭火时,组织一定的力量进行外攻,对燃烧舱室的四周及上下用水进行冷却和必要的防护,防止火势蔓延。( )

4.所选择的船舶灭火的进攻路线,必须能够尽快到达燃烧的部位,占据有效控制火势蔓延的地点。( )

5.船舶失火舱室的热传递对相邻舱室有影响。( )

6.对进入船舶失火舱室灭火的人员,要采取有效的防护措施,防止中毒、灼伤、溺水等意外事故的发生。( )

7.船舶失火时,要保持对内、对外的通信联系,并将大概情况记载在航海日志中。( )

8.要制定出正确的灭火方案,做好火情侦察是必不可少的条件之一。( )

9.进入舱内探火,一定要使用消防员装备。( )

10.在搜索中不幸被困,不要惊慌叫喊,应坐下或卧下休息,以节约空气瓶内的空气,等候救援人员的抵达。( )

11.在实施灭火行动前,灭火指挥员要根据实际情况,亲自或组织搜索侦察小组,深入火区进行实地侦察,对搜索侦察人员必须采取可靠的安全措施。

12.抢救人员与灭火工作是同时进行的,当灭火力量不足时应先灭火后救人。( )

13.打开火场的门或舱口时,应采取先用水雾将其冷却,为开门创造条件。( )

14.盲目过量地射水,会影响船舶稳性和破坏船体强度。( )

15.为了尽快把火扑灭,过量射水对船舶稳性的影响可不考虑。( )

16.灭火现场应随时保持通信联系,以便指挥员掌握现场动态,随时修正灭火方案。

( )

17.当你被围在舱内时,应用敲击舱壁、器物等方法,指示自己所在位置。( )

任务二 船舶灭火

必备知识

一、机舱灭火

机舱是船舶的"心脏",机舱内有大量的易燃物质,如燃油、滑油和沾油的棉纱头等,而机舱又是船舶动力装置所在地和高温处所,极易发生火灾,对机舱灭火必须高度重视。万一机舱失火,应:

1.首先关闭油料的进出阀门,切断燃料和空气的来源,使可燃物和助燃物来源中断。

2.利用水枪对可能蔓延的设备、油柜、舱壁等进行冷却,以防灾情扩大。

3.对受火灾威胁的空气瓶,采取排气降压措施,以防爆炸。

4.在启动固定灭火系统前,发出警报信号,通知所有人员撤离机舱,然后停止主机、辅机运转,锅炉停止燃烧,关闭通风和开口,封闭机舱。

5.如船舶采用的是二氧化碳固定灭火系统,施放时,应保证在 2 min 内将机舱灭火所需二氧化碳量的85%一次性全部放入机舱。

二、货舱灭火

1.航行中发现货舱起火,应立即关闭货舱机械通风及该舱所有开口,然后用固定灭火系统灭火。灭火剂施放后,不可随便开舱,以防复燃。

2.在港内装卸货期间起火,根据货物性质:

(1)能用水施救,则用水进行扑救。救火时应考虑到船舶的稳性及浮力。

(2)不能用水施救,则应迅速封舱,关闭通道及开口,启动固定灭火系统灭火。

3.如需派人下舱探火,则探火人员必须戴上呼吸器,穿上防火衣,系好安全带和防火绳,使用防爆照明灯。探火人员在水枪掩护下以低姿探索前进,舱外应派专人对下舱人员守护。

三、起居室灭火

起居室失火后,火势会迅速顺着上层建筑内的走廊及楼梯、门、窗向周围相邻的起居室蔓延。驾驶台或机舱附近的起居室失火时,大多数都会影响到驾驶台或机舱,最终导致船舶全面失控,无法操纵船舶和控制失火。起居室是船员居住和生活的必要处所,经常有船员在此休息、学习以及进行其他活动,一旦起火,易导致人员受困和伤亡。

1.迅速关闭门窗,切断通风,以防风助火势向下风蔓延。

2.冷却周围的舱壁和甲板,将火势控制在一定范围之内。舱室内如有塑料制成的装饰材料,燃烧时易产生有毒气体,救火人员应予以注意。

3.初期的小火可用灭火器灭火。

4.较大的火势应采用水灭火系统灭火。

5.如有人员受困在火场,应先派人进入舱室救人。

四、甲板灭火

甲板上的火灾通常是由油类溢出、油管破裂或者甲板上的危险货物燃烧而形成的。

1.灭甲板火首先应停止输油,使溢油停止,关断油阀。

2.采用泡沫将火隔离起来,然后再加以覆盖。

3.如不能将火与周围隔开,则泡沫应由下风方向向上风方向推移,逐片扑灭。也可使用干粉从上风方向进行喷射,但要注意风力,以防吹失。

4.对于已经关闭的油舱口,应用泡沫覆盖或者喷水雾冷却,以防油类挥发而使火势扩大。

5.甲板有危险货物时应将其移开或者隔离。

五、危险货物灭火

由于船载的危险货物种类很多,而且各种危险货物的危险特性又各不相同,所以,采取的灭火方法和措施也各有其特点。

主要危险货物着火后可用的灭火剂见表9-3-1。

表9-3-1　主要危险货物着火后可用的灭火剂

危险货物种类名称		灭火剂				灭火注意事项
		水	沙土	泡沫	二氧化碳	
爆炸品		效果好	不可用	可用	可用	
压缩气体和液化气体	易燃气体	效果好	可用	可用	效果好	
	其他气体	效果好	可用	可用	可用	
易燃液体		不可用	效果好	效果好	效果好	
易燃固体	闪光粉、镁粉、铝粉、银粉、钛粉、土粉、锰粉、铝镍合金氢化催化剂、氨基化铂、氨基钙、铂粉、铅粉	不可用	效果好	不可用	可用	盖沙土后可用水
	硝化棉、硝化纤维素	效果好	不可用	可用	可用	
	其他自燃固体	效果好	可用	可用	可用	

（续表）

危险货物种类名称		灭火剂				灭火注意事项
		水	沙土	泡沫	二氧化碳	
自燃物品	三乙基铝、铝铁熔剂	不可用	效果好	不可用		
	其他易燃物品	效果好	可用	可用	可用	
遇水燃烧物品	金属钠、钾、铯、锂、钙、锶、钠汞剂、镁铝粉	不可用		不可用	不可用	
	其他遇水燃烧物品	不可用	效果好	不可用	可用	
氧化剂	无机 过氧化钠、过氧化钾、过氧化钡、过氧化钙、过氧化锶	不可用	效果好	不可用	可用	
	无机 其他无机氧化剂	效果好	效果好	可用	可用	先用沙土后用水
	有机氧化剂	不可用	效果好	可用	可用	盖沙土后可用水
毒害品	锑粉、铍粉、铊化合物、磷化铝、磷化锌	不可用	效果好	不可用	可用	盖沙土后可用水
	氰化物、砷化物、有机磷农药	效果好	效果好	不可用	可用	先用沙土后用水
	其他危险品	效果好	效果好	可用	可用	先用沙土后用水
腐蚀物品	酸性物品	不可用	效果好	可用	效果好	盖沙土后可用水
	碱性及其他腐蚀物品	效果好	效果好	可用	可用	

🔊 要 点

　　船舶发生火灾时,能否及时有效地将火扑灭,主要取决于指挥者的指挥方法和灭火人员的高度责任感及灭火技能。听到火灾警报信号时,全体船员必须按消防部署表尽快赶赴指定岗位,并听从指挥、相互配合、协同作战。消防指挥者应做好保持船舶安全的工作。

📖 思考题

1.简述船舶各部位火灾的扑救措施。

2.简述船上主要危险品货物发生火灾时应采用的灭火剂种类。

✪ 练习题

一、选择题

1.(　　)是船舶的"心脏"。

A.机舱

B.货舱

C.甲板

2 船舶货舱灭火时,如需派人下舱探火,则探火人员必须戴上呼吸器,穿上防火衣,系好安全带和防火绳,使用(　　　)。探火人员在水枪掩护下以低姿探索前进,舱外应派专人对下舱人员守护。

A.普通照明灯

B.红色照明灯

C.防爆照明灯

3.船舶起居室灭火时,应冷却周围的(　　　),将火势控制在一定范围之内。

A.舱壁

B.甲板

C.舱壁和甲板

4.甲板灭火时,首先应停止输油,关闭油阀使溢油停止,同时使用(　　　)灭火剂将大火隔离起来。

A.二氧化碳

B.干粉

C.泡沫

5.在机舱发生小面积油火,扑救时最好(　　　)。

A.使用水柱

B.封舱灭火

C.用灭火器灭火

6.起居室失火时,烟雾很大,应(　　　)。

A.打开门窗

B.寻找火源

C.关闭门窗和通风

7.进入货舱内探火时,人员行走的方法是(　　　)。

A.以低姿探索前进

B.直立探索前进

C.跳跃探索前进

8.船舶在港内发生火灾,在扑救的同时应向(　　　)。

A.船舶公司报告

B.海事局报告

C.船检局报告

9.进入火灾区域探火,除戴好呼吸器、使用安全灯外,还应(　　　)。

A.拿着消防水带

B.系好防火绳

C.带着担架

10.在使用二氧化碳灭火系统灭火时,应在(　　　)内将85%的二氧化碳一次性放入被保护舱室。

A.20 s

B.1 min

C.2 min

11.施放二氧化碳灭火前必须（　　　）。

A.先报警,撤离人员

B.先关闭门窗

C.先戴好呼吸器

12.船舶甲板上的火灾通常是由（　　　）而形成的。

①油类溢出;②油管破裂;③甲板上的危险货物燃烧

A.①②

B.②③

C.①②③

13.船舶因运载金属钾而引起火灾,应用（　　　）灭火剂灭火效果好。

A.水

B.沙土

C.泡沫

14.船舶因运载爆炸品而引起火灾,不可用（　　　）灭火剂灭火。

A.水

B.沙土

C.泡沫

15.机舱着火可用二氧化碳进行扑救,此时应（　　　）。

A.立即施放二氧化碳

B.立即切断一切通风

C.立即报警撤离人员

二、判断题

1.装卸货时货舱发生大火,首先应向舱室施放二氧化碳和向舱内灌水。（　　　）

2.二氧化碳灭火剂在甲板上灭火比在舱室内灭火效果好。（　　　）

3.住舱着火,在充满水的消防水带、消防水枪就位后,便可打开所有的门窗,迅速扑救。（　　　）

4.船员居住舱着火,应立即打开门窗,用消防水带向内灌水,以防火势蔓延。（　　　）

5.装卸货时发生大火,首先应向舱内施放二氧化碳和灌水。（　　　）

6.货舱在装卸棉、棕、麻这类货物时发生火灾,通常采用向舱内放水灌舱的方法灭火。（　　　）

7.在装卸货时,货舱发生大火,应立即关闭舱盖和通风孔。（　　　）

8.船舶机舱内有燃油、滑油和沾油的棉纱头等易燃物质。（　　　）

9.为了迅速扑救货舱内的火灾,可立即大量向舱内灌水,暂时不必考虑船体强度和船舶稳性。（　　　）

10.航行中货舱起火,应立即切断通风,施放足量二氧化碳,并长时间闷舱以防复燃。（　　　）

项目十

船舶消防实操训练

为了提高学员的实际消防技能,在船舶消防安全知识理论培训结束后,要组织学员使用基本的消防器材在模拟场地进行灭火训练和个人防护用品的使用训练。

一、灭火训练

1.扑救甲类火

训练学员熟练掌握水灭火系统的使用,包括消防水带的铺设和收卷方法,消防水带与消防水带、消防水带与消防水枪、消防水带与消防栓的连接方法,消防水枪的正确使用方法等。要求在 1 min 内完成消防水带的抛设、连接及出水,并观察不同类型喷嘴的灭火效应。

(1)单手铺设消防水带的方法和要求

①右手捏住卷好的消防水带,大拇指及食指捏住最外两圈(接头朝前),其余三个手指钩住第三、四圈水带。

②左脚在前、右脚在后、弯腰,将消防水带前后摆动(摆幅不宜过大),接着向前甩出水带,甩出水带时大拇指及食指始终捏住最外两圈,其余三个手指伸直,水带就会顺势滚向前方。

③消防水带抛出后应成直线完全展开,偏离正前方左右范围≤1 m。水带抛出时,金属连接头不得脱手落地。

(2)两人收卷消防水带的方法和要求

①消防水带使用完毕后,要先倒出水带中的余水。

②协助卷带学员将消防水带对折形成双层,下层水带要比上层水带长出约 30 cm,用脚踩住水带的靠近接头部位。卷带学员在另一端将两层水带抖动拉直、平铺叠好后开始弯腰卷带。协助卷带学员前往卷带学员前方约 2 m 处,双脚立于水带左右跨于水带上方,俯身弯腰双手托起上层水带,使两层水带叠放整齐,便于卷带学员卷带。随着卷带学员向前卷带,协助卷带学员慢慢向后退,直至卷带完毕。

③盘卷好的消防水带两金属连接头间距小于 10 cm。

(3)消防水带与消防水带、消防水带与消防水枪、消防水带与消防栓的连接方法将消防水带的一端金属接头的两个锁舌对准另一消防水带或消防水枪或消防栓接头的对应的凹槽内并推进后转动锁定即可。

（4）水枪手、辅助水枪手规范站姿

①水枪手站姿：左脚在前，右脚在后，向左侧身，左手握消防水枪中部，右手握消防水枪连接口处并夹紧腋下，站稳。

②辅助水枪手站姿：右脚在前，左脚在后，向右侧身，站在水枪手相对应一侧稍后的位置，双手托住消防水带。

（5）消防水枪射水的基本姿势

消防水枪射水的基本姿势有立射、跪射、卧射和肩射四种，如图10-1-1所示。

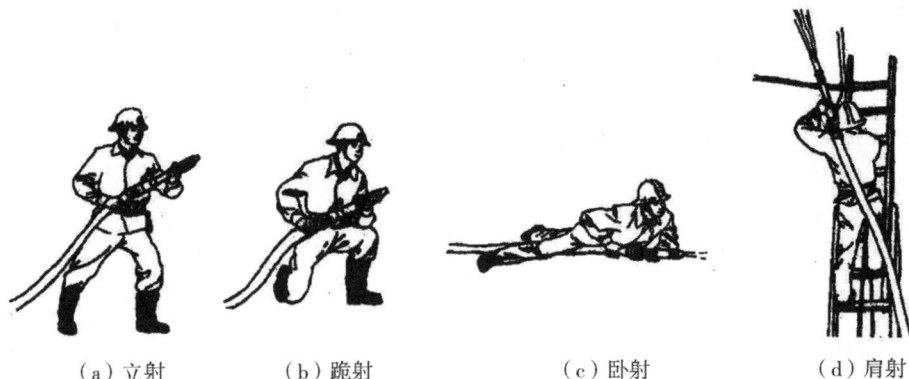

（a）立射　　　（b）跪射　　　　　（c）卧射　　　　　（d）肩射

图 10-1-1　射水姿势

（6）消防水枪射水的形状

两用消防水枪射水的形状有直流和雾状两种。应根据火场的实际情况及需要，对二者随时进行相互转换。

（7）组合训练

训练时，可将学员每2~4人分为一组，下面以4人一组为例介绍训练方法。

训练器材：消防水带2根，两用消防水枪1只。

人员分工：队员4名，依次为：

1号——队长、水枪手。拿消防水枪，负责使用消防水枪灭火；收队时协助2号队员卷带。

2号——辅助水枪手。拿2号消防水带，负责水带展开、回收和协助枪手灭火。

3号——负责两根消防水带的连接、移动、传令；收队时协助4号队员卷带。

4号——拿1号消防水带，负责消防水带的展开、连接消防栓、开关水，收队时负责卷带。

①听到教练员"开始"命令后，4号队员向火场方向抛出1号消防水带，随即将上层连接头交与3号队员，下层连接头接消防栓，做好送水准备工作。

②3号队员接到连接头后，与1、2号队员同时向火场方向跑动，至消防水带接近拉伸时停下。

③2号队员抛出2号消防水带，上层连接头交与1号水枪手（1号队员左手拿消防水枪，右手拿连接头，边跑边对接），下层连接头交与3号队员（3号队员即将两带连

接），然后随 1 号队员继续奔赴火场。

④1 号队员在抵达火场前已将消防水枪与消防水带连接好，按规范动作持枪、站稳；2 号队员作为辅助水枪手站在其对应稍后一侧，双手托住消防水带。

⑤1 号、2 号队员抵火场就位后，下令"开水"；3 号队员传令给 4 号队员；4 号队员重复"开水"口令并开启消防栓。

⑥1 号队员操纵消防水枪出水向火场喷射，并根据火情移动位置（模拟）。

⑦当火被扑灭后，1 号队员向后发令"收队"；3 号队员重复给 4 号队员；4 号队员重复口令，同时关闭消防栓，卸下连接头后向 1 号消防水带另一端跑去；3 号队员卸下两根消防水带连接，并拉直水带使残水放尽，然后和 4 号队员收卷 1 号消防水带。

⑧水压停止后，1 号队员卸掉消防水枪，右手拿连接头，跑至 2 号消防水带另一端，将水带叠放于下层水带上，搁下水枪，返回协助 2 号队员收卷 2 号消防水带。

⑨消防水带卷好后，1 号队员拿消防水枪，2、4 号队员各拿消防水带，跑步归队，并向教练员报告："演练完毕！"

2.扑救乙类火

将标准规范的燃烧容器内的油点燃产生油类火，待燃烧到一定程度的火势时，分别使用不同种类的手提式灭火器（泡沫、干粉、二氧化碳灭火器）进行灭火，并观察灭火过程及效果。训练时，还要以提问的方式考查学员对各种灭火剂的灭火性能、灭火特点和注意事项的掌握情况。

（1）手提式二氧化碳灭火器的操作使用

①准备：戴好防护手套。

②听到教练员"上"的指令，提起灭火器奔向火场上风方向，距火场约 2 m 时停下，拔去保险插销，调节喷筒角度（灭地面火时喷筒与瓶身约成 45°角），左手托起提把（注意不要按下压把），右手持喷筒把手（注意握住绝缘隔热部位），将喷筒口对准火焰根部，左手握紧提把与压把，二氧化碳就会自动喷出。先将前面的火压住，再操纵灭火器喷筒口对准火焰根部左右扫射，由近及远向前推进，直至将火扑灭，松开压把。

③火被扑灭后，为防止复燃，应双眼注视火场，缓步退回。

④在灭火过程中，如灭火器内灭火剂用完（灭火器发出尖叫声且无白雾状二氧化碳喷出）而火仍未扑灭，则灭火人员应快速返回，由下一位灭火人员前往灭火。

（2）手提式轻水泡沫灭火器的操作使用

①听到教练员"上"的指令，提起灭火器奔向火场上风方向，距火场 3～5 m 时停下，拔去保险插销，一手托起提把（注意不要按下压把），另一手握紧喷嘴后部使喷嘴朝前，握紧提把与压把，泡沫就会自动喷出。操纵灭火器喷嘴对准火场中舱壁或其他物体的垂直面进行定点喷射（注意不要晃动喷嘴以免破坏泡沫层），直至泡沫均匀向周围扩散至覆盖整个火场将火扑灭，松开压把。

②火被扑灭后，为防止复燃，应双眼注视火场，缓步退回。

（3）手提式干粉灭火器的操作使用

①听到教练员"上"的指令，提起灭火器奔向火场上风方向，距火场 3～5 m 时停下，拔去保险插销，一手托起提把（注意不要按下压把），另一手握紧喷嘴后部使喷嘴朝前下方，握紧提把与压把，干粉灭火剂就会自动喷出。操纵灭火器喷嘴对准火焰喷射，然

后迅速操纵喷嘴对准火焰根部左右扫射,快速向前推进,直至将火扑灭,松开压把。对零星小火可以采取点射方式。

②火被扑灭后,为防止复燃,应双眼注视火场,缓步退回。

二、个人防护用品的使用训练

1.进入火场、烟火舱室灭火和救人时空气呼吸器的使用

空气呼吸器用于保护穿戴者不吸入火场或烟气舱室内空气中的有毒有害物质,关系到使用人员的生命安全。在使用之前,必须对使用人员进行充分的培训。

船舶使用的空气呼吸器大多为自给正压式空气呼吸器,由于生产厂家和型号不同,其穿戴和使用方法也不尽相同,使用时应根据产品说明书的要求正确操作。

下面以依格 E.RPP-20B 自给正压式空气呼吸器为例介绍其穿戴和使用方法。

(1)组成

自给正压式空气呼吸器主要由以下部件组成:面罩组件、供气阀组件、减压器组件、气瓶与气瓶阀组件、背架组件,如图 10-1-2 所示。

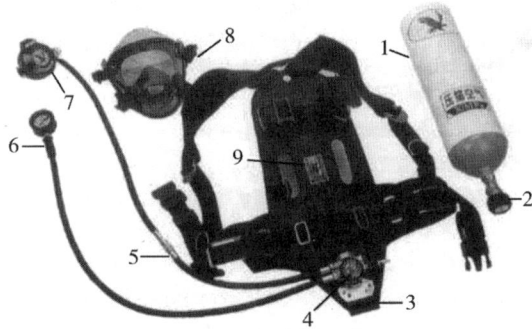

图 10-1-2 依格 E.RPP-20B 自给正压式空气呼吸器
1—气瓶;2—气瓶阀;3—背架(背带、腰带);4—减压器;5—中压导气管;
6—压力显示装置(压力表);7—供气阀;8—全面罩;9—铭牌

①面罩:一种单眼窗大视野、双状片密封的正压型全面罩,面罩内还有口鼻贴合的小口鼻罩,能减小全面罩实际有害空间。同时在口鼻罩内还设有呼气阀,将呼出气体排至外面,并设有传音器,以便在使用过程中互相讲话。面罩上装有橡胶系带,能使穿戴者脸部与全面罩密封贴合,保证安全可靠地穿戴。

②供给阀:此种正压式供给阀最大正压性供气量为 300 L/min,吸气感觉舒适。供给阀与全面罩连接,当穿戴者着装完毕后吸气时供给阀转换开关会自动开启,供给阀使全面罩内处于正压状态,使全面罩内气体压力始终大于外界大气压力,在有毒有害气体环境中能保证安全可靠地使用。

③减压器:将高压空气的压力从 30 MPa 降至 0.7 MPa 左右。减压器上装有中压安全阀、压力指示与余压警报器和空气输出导管。

④气瓶与气瓶阀:气瓶是储存可供人体呼吸用压缩空气的高压容器,用超高强度合金钢或相等材料制成,容积有 3 L、4 L、5 L、6 L 等,最高使用工作压力为 30 MPa。气瓶

阀手轮逆时针旋转为开启,反之为关闭。

⑤空气输出导管:由一根耐压橡胶软管、快速插头组成,一端连接供给阀,另一端连接减压器。

⑥软导管快速插头:由两个部件组成。当两部件未连接时,减压器端的软导管快速插头是关闭的,打开气瓶开关仍然气密,气体不会泄漏。当两部件连接时,软导管快速插头闭锁开关被打开,气体及时通入供给阀。

⑦背托与背带:背托上所有的环和卡都用不锈钢制成,以防在易燃易爆气体中作业时产生静电火花引起爆炸,背托上的负荷分布对称均匀。背带由腰带、肩带组成,可自由调节长度,可根据本人的身材快速调节。

⑧压力指示与余压报警器:由高压导管、压力表和余压警报器组成。压力表用于指示气瓶内的贮气压力,压力表壳外有防震良好的保护罩。余压警报器用于气瓶贮气压力的报警,当气瓶压力降至 $5+0.5$ MPa 时,警报器发出警报音响,报警后气瓶内的空气可继续使用 $8\sim10$ min,报警后应及时撤离工作现场。

(2)使用前的检查

①空气瓶压力检查:连接快速接头,逆时针方向开启气瓶阀,查看压力表读数,气瓶压力应不小于 28 MPa。

②系统泄漏情况检查:顺时针方向完全关闭气瓶阀,观察压力表读数在 1 min 内压力下降不应超过 0.5 MPa。如果超过这一数值,该装具暂时不能使用。

③余压报警器检查:在检查系统泄漏情况的基础上,轻微打开冲泄阀,观察压力表指针,当压力下降到 $5+0.5$ MPa 内时,警报器应发出声响警报。

④全面罩密封性检查:松开全面罩两根颈带,将面罩头网向上翻起,再将面罩贴紧脸部,深吸一口气,供气阀应能自动打开。

(3)自给正压式空气呼吸器的穿戴和使用方法

①背戴装具:将气瓶阀向下背上气瓶(如图 10-1-3 所示),通过拉肩带上的自由端调节气瓶的上下位置和松紧(如图 10-1-4 所示),直到感觉舒适为止。

图 10-1-3　背上气瓶　　　　图 10-1-4　调节位置和松紧

②扣紧腰带:将腰带插头插入腰带插座内,然后将腰带左右两侧的伸出端同时向后拉紧,收紧腰带(如图 10-1-5 所示)。

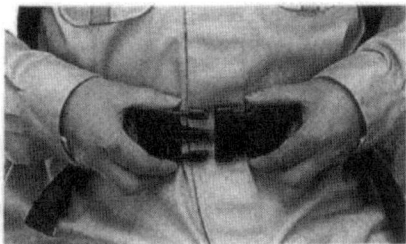

图 10-1-5　扣紧腰带

③戴上面罩：放松面罩下的两根颈带，拉开面罩头网，先将面罩置于使用者脸上，然后将头网从头部的上前方向后下方拉下，由上向下将面罩戴在头上（如图 10-1-6 所示）。调整面罩位置，使下巴进入面罩下面的凹形内，先收紧下端的两根颈带，再收紧上端的两根头带，感觉不适可调节头带的松紧（如图 10-1-7 所示）。

图 10-1-6　戴上面罩　　　　　　　　　　图 10-1-7　调节头带

④检查面罩密封性：用手掌心捂住面罩接口处，通过呼气检查面罩密封性是否良好（如图 10-1-8 所示）。否则再收紧头带或重新戴面罩。

图 10-1-8　检查面罩密封性

⑤安装供气阀：将供气阀上的红色旋钮置于 12 点钟的位置，确认其接口与面罩啮合，然后沿顺时针方向旋转 90°，当听到"咔嚓"声时即安装完毕（如图 10-1-9 所示）。

图 10-1-9　安装供气阀

⑥检查装具性能：使用装具前必须完全打开气瓶阀，同时观察压力表读数，气瓶压力应不小于 28 MPa；通过几次呼吸检查供气阀性能，吸气和呼气都应舒畅，无不适感觉（如图 10-1-10 所示）。

图 10-1-10　检查装具性能

⑦使用装具:正确穿戴装具经认真检查后即可投入使用。使用过程中要注意报警器发出的报警信号,听到报警信号应立即撤离现场。

⑧使用结束:使用结束后,先用手捏住下面左右两侧的颈带扣环向前一推,松开颈带,然后再松开头带,将面罩从脸部由下向上脱下;通过按下供气阀上方的橡胶钮开关,关闭供气阀;用拇指和食指压住腰带插扣两端的滑块,然后向前拉,松开腰带;用右手拇指和食指压住插扣中间的凹口处,轻轻用力压下将插扣分开;放松肩带,将装具从背上卸下,关闭气瓶阀。

2.从火场中逃生时紧急逃生呼吸装置的使用

紧急逃生呼吸装置(EEBD)用于失火时帮助被困人员逃离有毒气体舱室,可保护船员从火灾发生处的危险环境中逃生,但不能用于灭火、进入缺氧或充满烟雾的舱室或由消防员穿戴。它由储气瓶、瓶头阀、头罩或全脸面罩和挎袋组成。其使用方法如下:

(1)从紧急逃生呼吸装置储存箱中取出装置。

(2)将挎袋挎于人的颈部,打开挎袋取出面罩(如图 10-1-11 所示)。

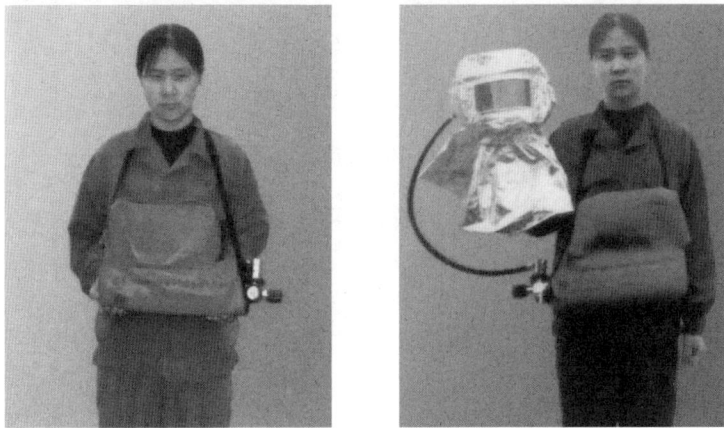

图 10-1-11　取出面罩

(3)将面罩从上向下戴在人的头部,注意透明窗应向前,披肩覆盖好肩部(如图 10-1-12 所示)。

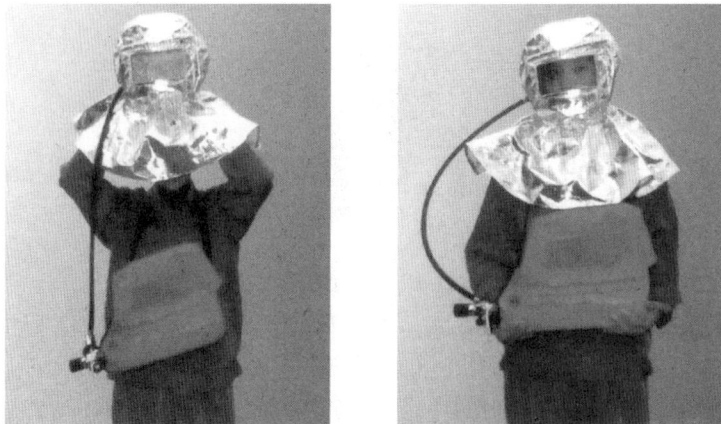

图 10-1-12　戴上面罩

（4）迅速打开瓶头阀开关并迅速逃离事故现场（如图 10-1-13 所示）。

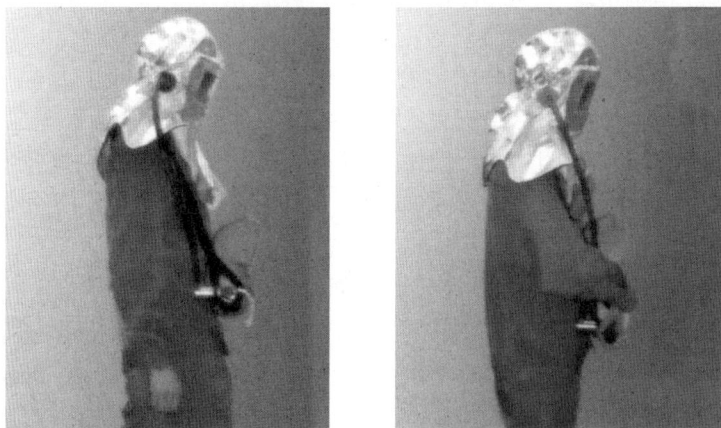

图 10-1-13　打开瓶头阀开关

附录

附录一:防火控制图识别符号

防火控制图

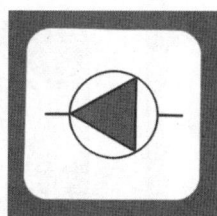

消防泵

遥控消防泵

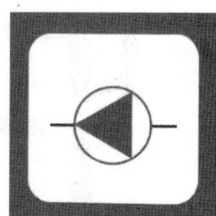

应急消防泵

遥控应急消防泵

国际通岸接头

消防栓

消防总管隔离阀

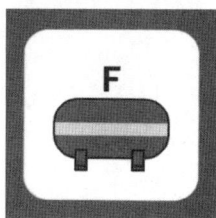

固定灭火装置

二氧化碳灭火系统钢瓶组

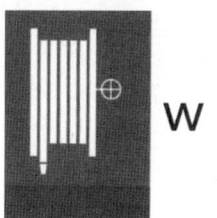

消防水带和水枪

手提式灭火器

推车式灭火器

便携式泡沫发生器

消防储存箱

惰性气体装置

火警按钮

手动报警按钮点

感烟探测器处所

感温探测器处所

火焰探测器处所

应急发电机

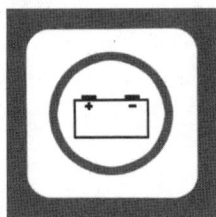

应急蓄电池

应急配电盘

主脱险路线

副脱险路线

紧急逃生呼吸装置(EEBD)

附录二：练习题答案

项目一

任务一

一、选择题

1—5 CCABB 6—7 CC

二、判断题

1—5 ×√√√√ 6—10 √××√× 11—12 √×

任务二

选择题

BA

任务三

一、选择题

1—5 CCCCC 6—10 ABCBA

二、判断题

1—5 √√√√√ 6—8 ×√√

项目二

任务一

一、选择题

1—3 AAC

二、判断题

1—5 √√√√× 6—10 √√√√× 11—14 ×××√

任务二

一、选择题

1—5 CBBAC 6—10 BBCAA

二、判断题

1—5 ×√×√× 6—10 √√√√√

任务三

一、选择题

1—5 ACCAB 6—10 CACBC

二、判断题

1—5 ×√√√× 6—10 √×√√×

任务四

一、选择题

1—4 ACBC

二、判断题

1—5 √√√√√

任务五

一、选择题

1—5　AACBB　6—10　ACCBA　11-12　CC

二、判断题

1—5　√√√√×　6—10　×√√√×

项目三

任务一

一、选择题

1—5　CCCBB　6—10　CCCAA

二、判断题

1—5　√√×√√　6—10　√×√××

任务二

一、选择题

1—5　BCBBA　6—10　BCCBB　11—13　CAB

二、判断题

1—5　√√√√　6—10　×√×√×

项目四

任务一

一、选择题

1—5　CBBAC　6—10　CCAAB

二、判断题

1—5　×√√√×　6—10　√×××√

任务二

一、选择题

1—5　ABCBB　6—10　CCCCA

二、判断题

1—5　√√×√×　6—10　√√××√

任务三

一、选择题

1—5　BACCC　6—10　CBCAB

二、判断题

1—5　√√√√×　6—10　××√√√

任务四

一、选择题

1—5　CBABA　6—10　BCCAC

二、判断题

1—5　√√×√√　6—10　×√√××

任务五

一、选择题

1—5 BBCCC

二、判断题

1—2 ×√

任务六

一、选择题

1—5 ACAAC   6—10 BCBCB

二、判断题

1—5 √√√√√   6—10 √×√√√

项目五

任务一

一、选择题

1—5 CCCAC 6—10 CAABA 11—12 CC

二、判断题

1—5 √√×√√ 6—10 √√√√√ 11—15 √√×××√

任务二

一、选择题

1—5 ACCBC 6—10 ACACB 11—13 BAA

二、判断题

1—5 ×√√√× 6—9 √√√√

任务三

一、选择题

1—5 CAABA

二、判断题

1—5 √√×√√   6—10 √×√√√

任务四

一、选择题

1—5 ACAAC 6—10 BCBCB

二、判断题

1—5 √√√√√   6—10 √×√√√

项目六

任务一

一、选择题

1—5 CCCCA 6—10 CACBA 11—12 CA

二、判断题

1—5 ×√√×√   6—10 ××√√√

任务二

一、选择题

1—5 ABACA 6—10 ABCCB

二、判断题

1—5 ×√√√√ 6—10 √√×√√

项目七

任务一

一、选择题

1—5 CACBC 6—10 BBABA 11—15 BCABA 16—20 CACAC

二、判断题

1—5 √××√√ 6—10 √√√×√

任务二

一、选择题

1—5 BCCCB 6 C

二、判断题

1—5 √×××√ 6 √

任务三

一、选择题

1—5 ACABC 6—8 CBC

二、判断题

1—5 √√×√√ 6—10 √×√×√ 11—14 √√√√

项目八

任务一

一、选择题

1—5 CAACC 6 C

二、判断题

1—5 √√√√√ 6—10 √√√√× 11—13 ×√√

任务二

一、选择题

1—5 CBCCB 6—7 CC

二、判断题

1—5 √××√× 6—10 √√√√√ 11—13 √×√

任务三

一、选择题

1—5 BCCAC 6—9 ABCC

二、判断题

1—5 ×××× 6—10 ×√×√×

任务四

选择题

1—5　ACBCC　6—7　AA

任务五

一、选择题

1—5　BABBC　6—10　CBBCB

二、判断题

1—5　√√×××　6—10　√×√√√

项目九

任务一

一、选择题

1—5　CCCCB　6—10　BCABA　11—15　ACBAC

二、判断题

1—5　√√×××　6—10　××√√√

任务二

一、选择题

1—5　BACAC　6—7　CC

二、判断题

1—5　√√√√√　6—10　√×√√√　11—15　√×√√×

任务三

一、选择题

1—5　ACCCC　6—10　CABAC　11—15　ACBBC

二、判断题

1—5　×××××　6—10　√√√×√

参考文献

［1］中国海事服务中心.基本安全——船舶防火与灭火.北京:人民交通出版社,2012.

［2］王当利.熟悉与基本安全——船舶防火与灭火.武汉:武汉理工大学出版社,2008.

［3］中华人民共和国海事局.船舶与海上设施法定检验规则,2019.

［4］中国船级社.钢质海船入级规范,2023.